Debby van Dooren
Not Afraid – Auf der Bühne des Lebens

DEBBY
VAN
DOOREN

NOT
AFRAID

AUF DER BÜHNE
DES LEBENS

SCM Hänssler

SCM

Stiftung Christliche Medien

© der deutschen Ausgabe 2013
SCM Hänssler im SCM-Verlag GmbH & Co. KG · 71088 Holzgerlingen
Internet: www.scm-haenssler.de · E-Mail: info@scm-haenssler.de

Soweit nicht anders angegeben, sind die Bibelverse folgender Ausgabe entnommen:
Neues Leben. Die Bibel, © der deutschen Ausgabe 2002 und 2006
SCM R.Brockhaus im SCM-Verlag GmbH & Co. KG, Witten.
Weiter wurden verwendet:
Bibeltext der Neuen Genfer Übersetzung - Neues Testament und Psalmen
Copyright © 2011 Genfer Bibelgesellschaft
Wiedergegeben mit freundlicher Genehmigung. Alle Rechte vorbehalten.

Gesamtgestaltung: Kathrin Retter, Weil im Schönbuch
Titelbild: Miriam van Dooren
Druck und Bindung: Drukarnia Dimograf Sp. z o.o.
Gedruckt in Polen
ISBN 978-3-7751-5490-1
Bestell-Nr. 395.490

Für euch mädels,
die heute mit den Themen zu kämpfen haben,
die mich vor nicht allzu langer Zeit
auch beschäftigt haben.

Und für meine zwei süßen mädchen,
Joelle und Lia:
I love you and God has great plans for your lives!

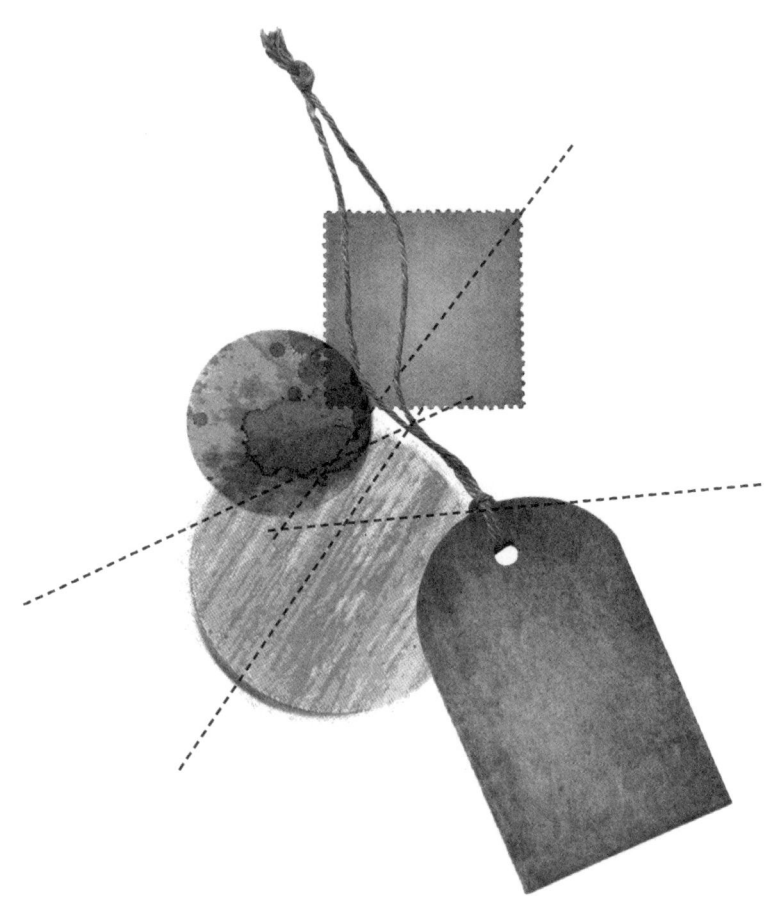

INHALT

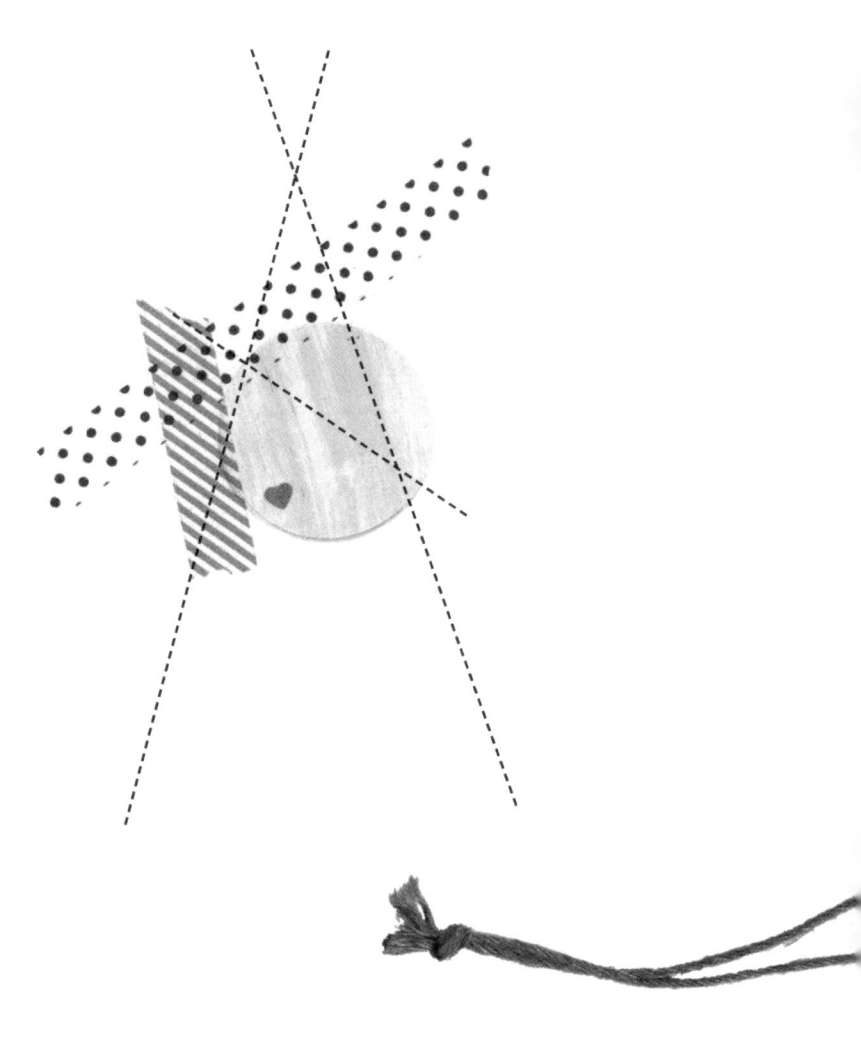

VORWORT

Hier sitze ich also, stelle mir vor, wer wohl gerade dieses Buch in die Hand genommen hat und frage mich, warum diese Person es überhaupt lesen will. Ganz egal aus welchem Grund: Ich freue mich, dass du dieses Buch in der Hand hast!

Ich habe zwar schon immer gerne in meine Tage- oder Monatsbücher geschrieben, aber dass es zu einem Buch kommen würde, hätte ich nie gedacht, zumal ich in Deutsch in der Schule eine Fünf im Abschlusszeugnis hatte!

Obwohl ich mich trotz meiner 26 Jahre immer noch oft wie ein Teenie fühle, hoffe ich, euch mit auf meine bisherige Lebensreise oder, besser gesagt, auf meine »Achterbahnfahrt« mitnehmen zu können.

»Not afraid« klingt vielleicht so, als hätte ich vor nichts Angst, als wäre ich eine dieser »Powerfrauen«, die alles in die Tat umsetzt, ohne mit der Wimper zu zucken. Aber eigentlich will ich mir mit diesen Worten selber und hoffentlich auch anderen Mut machen und an die Bibelstelle erinnern, wo Jesus sagt:

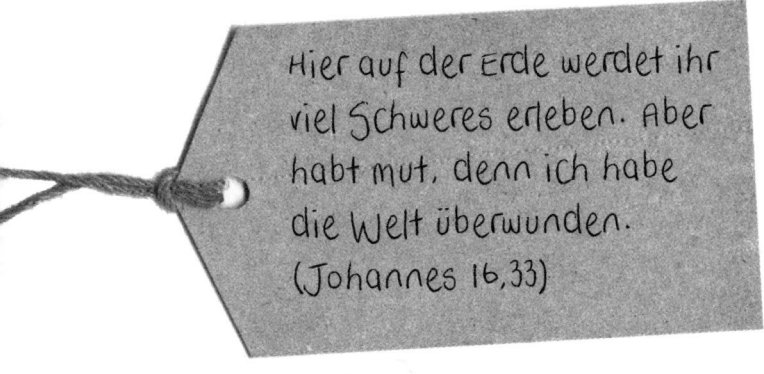

Hier auf der Erde werdet ihr viel Schweres erleben. Aber habt Mut, denn ich habe die Welt überwunden.
(Johannes 16,33)

»Habt Mut!« – Bei anderen Bibelübersetzungen liest man auch: »Ihr braucht euch nicht zu fürchten.« (NGÜ) Das trifft es eher für mich.

Es gibt viel, wovor ich großen Respekt habe. Ich könnte Seiten füllen mit Dingen, die mir Angst machen. Auch Dinge, die ich erlebt habe, machten mir in dem Moment Angst, aber ich habe immer erlebt, wie Gott mir seine Ruhe und Vertrauen schenkte, meine Sorgen auf *ihn* zu werfen, anstatt mich mit meinen Ängsten zu beschäftigen.

Wenn es darum geht, die Gaben, die Gott mir geschenkt hat, zu nutzen, komme ich immer wieder an eine Mauer aus Unsicherheit, Angst und Zweifel. Dieses Buch zu schreiben und gleichzeitig an einer CD zu arbeiten war eine riesige Herausforderung, die mir zwar Spaß bereitet, gleichzeitig aber auch viele Fragezeichen aufgeworfen hat: Setze ich meine Gaben sinnvoll ein?

Ich glaube, Gott freut sich, wenn wir unsere Gaben für ihn einsetzen, auch wenn nicht alles perfekt läuft. Hauptsache, wir verstecken uns nicht und verschwenden unsere Zeit nicht mit unwichtigen Dingen.

Jeder einzelne Leser liegt mir am Herzen, auch du. Vielleicht gibt es nur einen Punkt, der dich in diesem Buch anspricht. Aber dann hoffe ich, dass er dich im Glauben ermutigt, »Not afraid« zu sein!

Viel Spaß beim Lesen ...

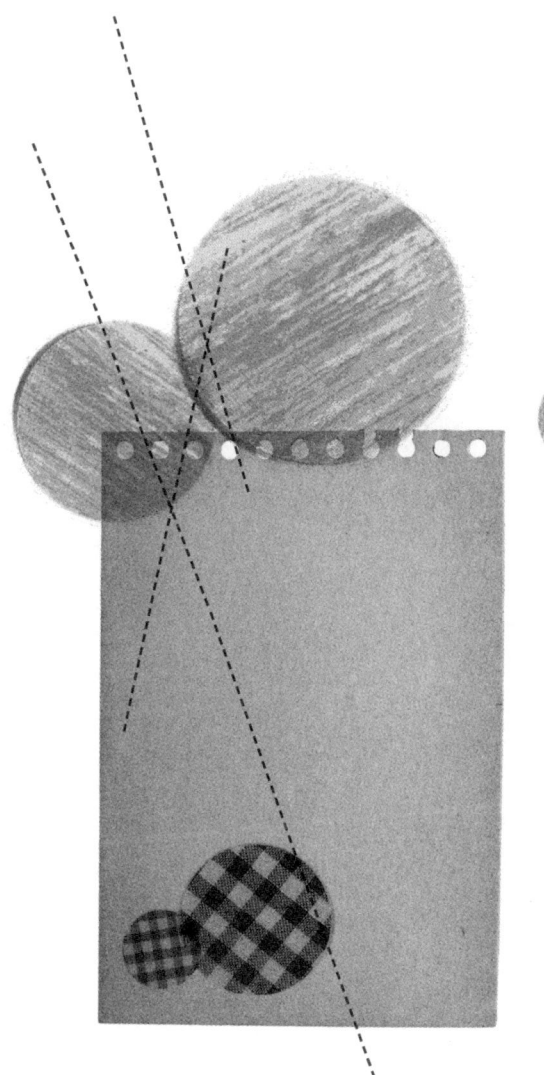

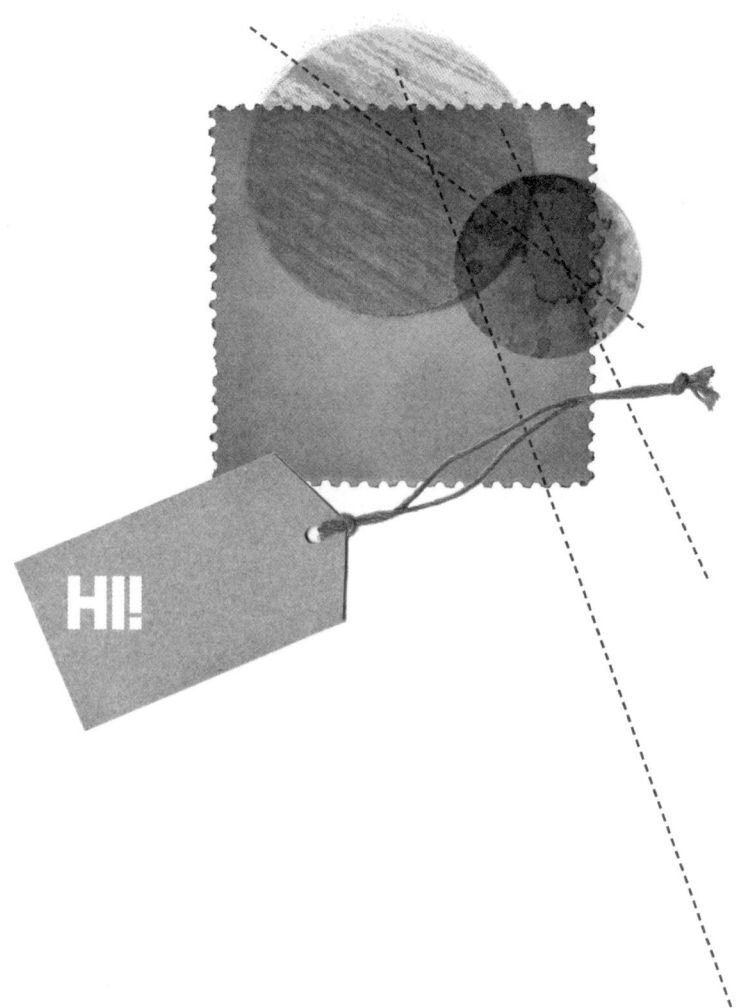

1. DIE KLEINE DEBBY

Hi, ich bin Debby. Na ja, eigentlich geborene Deborah Rebekka van Dooren.

Meine Eltern haben meinen Schwestern und mir biblische, hebräische Namen gegeben, aber eigentlich ist meine Mama Amerikanerin und mein Papa Deutscher. Da sein Vater holländische Wurzeln hatte, haben wir auch einen niederländischen Nachnamen. Ach so – und mein Uropa kam aus Kairo. »Multikulti« also!

Zu Hause haben wir immer Englisch gesprochen. Da wir Schwestern alle in Deutschland aufgewachsen sind, haben wir aber deutsche Schulen besucht und auch sonst wurde ja logischerweise überall Deutsch gesprochen. Dass ich englischsprachig aufgewachsen bin, war später ein riesiger Pluspunkt in meiner Schulkarriere: Hätte ich nicht diese Eins in Englisch gehabt, wäre ich vielleicht doch noch durchgefallen.

Ich bin als Nesthäkchen nach vier älteren Schwestern in München zur Welt gekommen und somit mit Sicherheit auch verwöhnt worden. Meine Eltern sind in den USA zum Glauben gekommen und dann als Missionare nach Deutschland ausgesandt worden. Dort haben sie dann – um es kurz zu fassen – in München eine kleine Hausgemeinde gegründet und geleitet. Mein Papa war also Pastor. Neben der Gemeindearbeit gaben meine Eltern auch christliche Workshops zum Thema »Kreativität in der Familie«. Kreativität zu fördern war ihnen immer sehr wichtig und für mich war das eine riesige Bereicherung.

Wir haben zu Hause viel gesungen und Musik gehörte schon immer zu meinem Leben. Wir haben Lobpreislieder gesungen,

Die ganze Familie beim musizieren.

die mein Papa entweder auf der Gitarre oder dem Klavier begleitete, haben unserem Besuch oder Nachbarn vorgesungen oder meinen Papa bei seinen selbst komponierten Liedern gesanglich begleitet. Meine Eltern haben uns alle in unseren künstlerischen Begabungen sehr gefördert. Mit uns Kindern tanzte meine Mama viel, malte, bastelte und brachte uns bei, wie man mit der Nähmaschine umgeht. Auch sie hat nämlich eine sehr kreative Ader, die sie an uns weitergab!

Wir durften alle Tanzunterricht nehmen und haben dann im Wohnzimmer alles aus dem Unterricht präsentiert und geübt: Das ging von Ballett bis hin zu Hip-Hop. Es gibt sehr viele lustige Videoaufnahmen von damals, die ich mir bis heute noch gerne ansehe.

Die Traditionen im Hause van Dooren sahen wahrscheinlich etwas anders aus als bei euch zu Hause. Weihnachten haben wir zum Beispiel nie in der traditionellen Form mit Weihnachtsbaum und Geschenken gefeiert. Stattdessen veranstalteten wir ein Essen in unserer Gemeinde, zu dem wir Leute einluden, die entweder keine Familien hatten oder obdachlos waren. Ziel war es, Menschen von Jesus und seiner Liebe zu erzählen, anstatt sich gegenseitig materielle Dinge zu schenken.

Dafür hatten wir dann an Silvester unser großes Familienfest. Stellt euch das so vor: Eine von uns war für das Menü verantwortlich, eine andere für die Deko; die durfte dann sogar die Möbel umstellen. Und nach dem Essen gab es dann eine Familienshow.

Jeder hatte etwas als Überraschung für die anderen vorbereitet – entweder einen Tanz, ein Lied, ein Theaterstück, ein Gedicht oder sonst was Kreatives. Da wir ja so eine große Familie waren, wurde gewichtelt. So bekam jeder ein Geschenk. Leider gab es manchmal auch Tränen, wenn ein Name zweimal gezogen wurde! Unsere Feiern endeten immer mit einem Rückblick auf das vergangene Jahr und dem Austausch von Wünschen und Gebetsanliegen für das kommende. Oft haben wir auch noch gemeinsam Lobpreislieder gesungen, Gott gedankt und Abendmahl zusammen gefeiert.

Ich denke immer wieder gerne an diese Feiern zurück, da sie mein Leben und meine Einstellung dazu stark geprägt haben. Dankbarkeit und Gottvertrauen haben eine sehr große Rolle gespielt und meine Eltern waren mir da tolle Vorbilder.

Ansonsten pflegten wir eigentlich keine amerikanischen oder deutschen Traditionen. Das war meinen Eltern nie wichtig. Aber ich glaube, im Vergleich zu den meisten deutschen Familien war die Erziehung doch eher amerikanisch.

Bis ich ungefähr vier war, gingen wir in die Gemeinde meiner Eltern. Ich kann mich nicht mehr an viel erinnern, außer an die tollen Kinderstunden, die meine zweitälteste Schwester, Esther, leitete. Sie erzählte spannende Bibelgeschichten und am Schluss gab es Gummibärchen.

Irgendwann hörte mein Papa dann dort als Pastor auf und wir besuchten eine neue Gemeinde. Mein Papa predigte nur noch als Gastprediger in verschiedenen Gemeinden und arbeitete gemeindeübergreifend viel im Bereich Lobpreis. Er fing an, als Sales Manager, also leitender Verkäufer, bei einer internationalen Firma zu arbeiten, aber nebenbei war er immer wieder als Übersetzer und Lobpreisleiter tätig und nahm einige Lobpreis-CDs auf, bei denen meine älteste Schwester Naomi mitsingen durfte.

Kennt ihr zum Beispiel das wunderbare Lied »Würdig und herrlich ist das Lamm«? Das hat mein Papa geschrieben. Witzigerweise hatte er das Lied irgendwann geträumt und als er aufwachte, brachte er es dann zu Papier. So was hab ich noch nie erlebt ... Bis heute ist das eines meiner Lieblingslobpreislieder.

Mein Papa nutzte fast jede Möglichkeit, Menschen von Jesus zu erzählen. Er träumte davon, irgendwann eine christliche Schule zu eröffnen, in der es viele kreative Workshops geben würde und Menschen im Glauben wachsen oder überhaupt erst zu Gott kommen würden. Das war nur ein Wunsch von vielen, die er hatte.

Die Gemeinde, in der ich dann groß geworden bin, war sehr charismatisch. Auch dort wurde Musik, Tanz und Schauspiel stark gefördert. Einerseits habe ich schöne Erinnerungen, wie wir zum Beispiel in der Gemeinde mit dem Teenkreis übernachtet haben, andererseits habe ich leider kaum Erinnerungen an biblische Lehren oder Fundamente. Na ja, was für ein Glück, dass ich die zu Hause bekam!

Es ist ein riesiges Geschenk, dass meine Schwestern und ich in einem christlichen Haus aufwachsen durften. Für uns war immer selbstverständlich, dass es Gott gibt und er jeden Tag ein Teil unseres Lebens ist – na ja, hoffentlich mehr als nur *ein* Teil! Das war für mich der Anfang, als sein Kind und Jünger zu leben.

Meine Eltern sagten uns immer wieder, wie wichtig es ist, dass wir selber die Entscheidung treffen, ob wir Jesus in unser Herz lassen und ein Leben mit ihm beginnen wollen oder nicht.

An einer unserer Silvesterfeiern, als ich fünf war, traf ich ganz bewusst die Entscheidung, Jesus mein Leben zu geben. Mein Papa erzählte mir noch mal die Geschichte von Jesus am Kreuz und was er für mich getan hat. Dann beteten wir gemeinsam und ich bat Jesus, in mein Herz zu kommen und mir meine Sünden zu vergeben. Danach lief ich zu meiner Mama und sagte ihr, dass ich mich mit acht taufen lassen wolle. Auch das meinte ich sehr ernst. Ich habe es nie bereut, schon so früh diese wichtige Entscheidung für Jesus getroffen zu haben.

Meine Eltern haben die Bibel, das Gebet und Erlebnisse, die sie mit Gott hatten, immer mit in den Alltag eingeführt, auf eine ganz natürliche und lockere Art. Morgens ging mein Papa oft Hand in Hand mit mir zur Schule und dabei beteten wir laut für den Tag in der Schule oder für seine Arbeit. Oder wir beteten

mein erster Schultag mit Papa.

während einer Autofahrt für Dinge wie einen freien Parkplatz. Jesus war immer »live« mit dabei bei allem, was wir so erlebten.

Wir hatten auch regelmäßige »family meetings«, wie wir das nannten, wo wir über Dinge wie Hausarbeiten, Schulprobleme, Gemeinde, Freunde und vieles mehr, quatschten. Jeder bekam dadurch die Möglichkeit, Dinge anzusprechen, die ihn belasteten, verletzten oder freuten. Dadurch lernten wir, uns beieinander zu entschuldigen und uns gegenseitig zu vergeben. Wir beteten dann füreinander und lasen oftmals Bibelstellen, die uns in unserer Situation Rat gaben. Wenn ich mir das so recht überlege, war das eigentlich ein Familienhauskreis!

Meinen Papa habe ich oft bei uns im Keller laut beten gehört. Aber nicht ein »klassisches« Beten, so wie wir das vielleicht von unseren Gottesdiensten kennen, sondern eher ein Flehen, Rufen oder sogar Weinen. Immer wenn ich die Psalmen von David lese, bewegt mich total, wie auch er offen mit Gott gesprochen hat. So richtig emotional, wie wenn man mit seinem besten Freund redet, ohne zu überlegen, ob das jetzt »richtig« ist oder nicht. Auch heute noch liebe ich es, die Psalmen laut zu lesen und würde mir wün-

meine »inspirational wall«.

schen, dass wir typisch Deutschen mehr Gefühle Gott gegenüber zeigen würden.

Humor hat bei uns auch immer eine sehr wichtige Rolle gespielt. Mein Papa war sehr lustig und hat mir oft witzige Skizzen im Bad hinterlassen oder sich total verrückte Raps ausgedacht – ich hatte also oft was zum Lachen. Ein paar dieser Ideen meines Papas habe ich sogar an meine »inspirational wall« gehängt, eine Wand in meinem Home-Studio, an der ich alles sammle, was mich an meine Wurzeln erinnert und daran, was Gott in meinem Leben schon alles getan hat.

Meine Schwestern sind auch sehr lustig und wenn wir uns sehen, was leider selten vorkommt, können wir stundenlang über lustige Begebenheiten, Filme oder einfach über uns selbst lachen. Witzige Sketche waren bei den Familienfeiern also auch keine Seltenheit. Und meine deutsche Oma war eine der Lustigsten der Familie! Omi Nadja hat sogar noch auf meiner Hochzeit einen lustigen Sketch mit meinen Schwestern aufgeführt. Leider lebt sie inzwischen nicht mehr. Na ja, wenn ich's ausdrücken würde wie sie, müsste ich wahrscheinlich sagen: »Gott sei Dank hat er mich endlich geholt!« Als gläubige Christin wartete sie nämlich in ihren letzten Jahren immer nur darauf, dass Gott sie endlich zu sich nimmt. Da sie selbst als Tänzerin gearbeitet hatte, war sie natürlich total begeistert, wenn wir für sie sangen oder tanzten. Sie lebte in Berlin, wo auch mein Papa aufgewachsen ist, aber natürlich besuchten wir uns regelmäßig. Sie hat uns so oft ermutigt, mit dem Gesang, Tanz oder Schauspielern weiterzumachen, war aber gleichzeitig auch unsere größte Kritikerin. Da hat sie nie ein Blatt vor den Mund genommen! Mich hat sie zum Beispiel dadurch unterstützt, dass sie meinen Klavierunterricht finanzierte, als ich mit acht damit anfing.

Insgesamt war bei uns immer ziemlich viel los. Wie ihr noch merken werdet, besteht meine Familie nämlich aus lauter Leuten, die sich unglaublich gern kreativ betätigen – und das auf viele verschiedene Arten. Es gab bei uns selten Langeweile!

Meine Verwandten in den USA haben wir alle paar Jahre in den Sommerferien besucht. Daran habe ich nur schöne Erinnerungen. Immer wenn ich in Amerika war, hatte ich das Gefühl, zu Hause zu sein, aber nach ein paar Wochen freute ich mich schon wieder auf Deutschland und das leckere »richtige« Brot. Aber sobald ich wieder in Deutschland war, fehlte mir diese lockere Atmosphäre und die offenen Unterhaltungen, die man in Amerika so erlebt.

Einerseits fühle ich mich deutsch, andererseits habe ich oft das Gefühl, doch ein Ausländer zu sein, obwohl ich hier geboren bin. Aber ich denke, das liegt einfach daran, dass unser ganzer Lebensstil durch meine Eltern sehr amerikanisch angehaucht war.

Das wird mir immer sehr stark bewusst, wenn ich in den USA bin. Ich werde mich wahrscheinlich immer irgendwie »mittendrin« fühlen, aber das macht nichts. Die Bibel sagt, dass wir zwar in dieser Welt leben, aber nicht von dieser Welt sind (vgl. Johannes 17,16). Das kann ein großer Trost sein, wenn man sich nicht ganz heimisch fühlt.

Sie gehören genauso wenig zu dieser Welt wie ich.
(Johannes 17,16)

Das Verhältnis zu meinen Eltern und Schwestern war eigentlich gut. Ich kann mich nicht daran erinnern, dass ich als Kind viel mit meinen Schwestern gestritten hätte. Aber das liegt bestimmt am Altersunterschied. Meine älteste Schwester, Naomi, ist dreizehn Jahre, die jüngste der vier, Miriam, ist sieben Jahre älter. Statt mit ähnlich alten Geschwistern konnte ich mit Freunden in meinem Alter über alles reden.

Eigentlich habe ich fast nur schöne Erinnerungen, wenn ich an meine Kindheit zurückdenke, auch wenn mein Papa sehr streng war. So wie ich ihn bisher beschrieben habe, denkt man vielleicht, dass er der lockerste Papa der Welt war. Aber wenn ich eine Grenze überschritt, gab's auch einen Klaps auf den Hintern. Bei ein paar meiner Mitschüler aus der Grundschule hatte mein Papa keinen guten Ruf. Nachdem mich einige Jungs auf dem kompletten Heimweg mit Schnee eingeseift hatten, nahm er sie hart zur Seite und schimpfte sie dafür kräftig aus. Das war mir im Nachhinein natürlich total peinlich.

Meine Mama hingegen war liebevoll und beschützend. Sie verteidigte mich oft, wenn mein Papa mich schimpfte. Streng habe ich sie gar nicht in Erinnerung.

Naomi hatte damals ein Projekt, das sich »Joy Team« nannte, ins Leben gerufen. Viele Jungs und Mädels trafen sich einmal die Woche zum Gebet mit einer kleinen Andacht und dann wurden deutsche christliche Lieder mit Tanz einstudiert. Die ganze Gruppe ging dann entweder in Gemeinden, Altenheime oder zum Beispiel auf den Marienplatz in München, um die Lieder dort aufzuführen. Es gab Solisten, einen Kinder- bzw. Jugendchor und dazu Choreografien – passend zu den Texten. Ach, und die bunten T-Shirts darf man natürlich nicht vergessen! Ich war zwar noch sehr klein, als ich das erste Mal mitmachen durfte, aber auch das hat mich sowohl geistlich als auch musikalisch geprägt und gefördert. Das war mein erster evangelistischer Dienst.

Hier probe ich mit dem »Joy Team«.

Bevor ich auf die Welt kam, hatte meine Familie noch nicht mal einen Fernseher. Als ich dann aufwuchs, stand einer in unserem Wohnzimmer. Einer meiner ersten Filme war Disneys *Arielle, die Meerjungfrau* – bis heute noch einer meiner Lieblingsfilme. Natürlich wollte ich dann auch unbedingt eine Meerjungfrau sein. Ich bin mit Flossen an den Füßen im Wohnzimmer herumgerobbt und habe dabei ihr Lied »Part of your world«, auf Deutsch »In deiner Welt«, vor mich hin gesungen. Dieses Lied singe ich auch auf der ersten Kassettenaufnahme, die wir von mir haben.

Oft haben wir Schwestern auch die *Mini Playback Show* zusammen geguckt. In dieser Sendung präsentierten Kinder, genau wie ihr Lieblingsstar verkleidet, ein Lied, aber eben »playback«. Da wollte ich auch unbedingt hin! Aber mehr dazu im nächsten Kapitel.

Als fünftes Kind durfte ich neben der christlichen Musik sogar mit Musik von Mariah Carey, Michael Jackson, Brandy, Destiny's Child und, und, und aufwachsen. Musik zu hören, die nicht *christlich* ist, wäre undenkbar gewesen, als meine älteste Schwester ein Kind war! Doch jetzt, da meine Schwestern älter waren, schauten sie viel MTV und guckten sich da oft Choreografien von den Videoclips ab. Ich bekam dadurch ständig mit, was gerade so auf dem Markt oder in den Charts war. Pop und R&B-Musik haben mich musikalisch

An Silvester 1992 trat ich als Vanessa Paradis auf.

und gesanglich stark beeinflusst. Die erste CD, die ich auf meinen Wunsch geschenkt bekam, war von Vanessa Paradis. Sie hatte damals einen Hit, »Be my baby«, den ich von MTV her kannte. Bei einer der besagten Silvesterfeiern machte ich natürlich gleich den Song und das Outfit vom Videoclip nach.

Beim Abschlussfest meines Kindergartens habe ich das Lied »Baby, Baby« von Amy Grant aufgeführt. Oh Mann, ich frage mich bis heute, was die Erzieherinnen wohl gedacht haben! Ich liebte es schon immer, in Ruhe eine komplette CD anzuhören und den Gesang und die Musik zu analysieren. Wenn ich zum Beispiel Mariah Carey hörte, versuchte ich, diese ganz hohen Töne nachzusingen; sie war also quasi meine erste Gesangslehrerin. Auch wenn ich es leider bis heute nicht schaffe, so gut zu singen wie sie. Trotzdem: Andere Sänger zu imitieren war schon immer eine meiner Stärken und macht mir bis heute Spaß!

Mit so vielen älteren Schwestern um mich herum war es schwer, mich von den Filmen, die sie ansahen, und der Musik, die sie hörten, fernzuhalten. Noch dazu hatte ich schon immer die Begabung, meine Mama zu überreden, mich doch mitschauen zu lassen. Leider sah ich dadurch Filme und Videoclips, die nicht altersgerecht und überhaupt nicht gut für mich waren. Auch die Mode der Stars beeinflusste mich stark. Was gerade »in« war, wollte ich auch unbedingt haben – das meiste davon konnte ich später sogar von meinen Schwestern ausleihen.

All das trug dazu bei, dass ich, zumindest äußerlich, sehr schnell

erwachsen wurde. Was auch logisch ist, wenn man so viele Erwachsene um sich herum hat.

Ich durfte Naomi schon mit fünf oder sechs Jahren bei ihren Konzerten mit ihrer Band auf der Bühne begleiten. Meine anderen Schwestern waren übrigens ihre Backgroundtänzerinnen! Oh Mann, hatten wir »schicke« Kostüme! Ich sag nur: türkisfarbene Leggings und schwarze Samt-Shirts mit silbernen Steinchen drauf. Die Bühne habe ich also schon früh kennengelernt und mich auch sehr schnell mit ihr angefreundet.

Naomi war meine erste inoffizielle Gesangslehrerin – abgesehen von Mariah Carey auf CD natürlich – und übte immer wieder Lieder mit mir. Manchmal sangen wir auch im Duett.

Auch jetzt noch ist sie für mich die beste Gesangslehrerin, mit der ich bisher gearbeitet habe.

mit meiner ältesten Schwester Naomi auf der Bühne.

Was für schicke Backgroundtänzerinnen!

Mit acht schrieb ich dann meinen ersten englischen Song. Der wurde natürlich auch gleich bei der nächsten Familienshow stolz präsentiert. Ich nahm mir zwei Kassettenrekorder: Mit dem einen gab ich durch Schnipsen das Tempo vor, mit dem anderen nahm ich die Background-Vocals auf und doppelte sie dann. Damit hab ich mir also mein erstes »Studio« selber gebaut! Bei der Vorführung hatte ich dann mein eigenes Playback mit Beat und Gesang.

Ich glaube, spätestens da merkte meine Familie, dass mir das Singen und Komponieren von Liedern lag und es mit Sicherheit nicht das letzte Mal sein würde, dass ich ein Lied schrieb.

Bald war für mich ganz klar: Ich will Sängerin werden! Aber nicht nur das: In allen Freunde-Büchern trug ich unter »Traumberuf« ein: »Schauspielerin, Model und Tänzerin«. Um es zusammenzufassen: Ich wollte ein Star werden!

Mit meiner damaligen besten Freundin habe ich oft, wie Mädels das eben tun, davon geträumt, wie unser Leben später wohl aussehen würde. Ich wollte alles: berühmt sein und gleichzeitig ein »normales Leben« mit einer eigenen Familie haben. Ach so, und in meinen Träumen bin ich einen roten Ferrari gefahren! Hahaha, das ist jetzt gar nicht mehr mein Geschmack, ganz zu schweigen von dem Budget, das man für einen Ferrari bräuchte! Na ja, träumen darf man ja ...

Generell war und bin ich einfach eine Träumerin. Das heißt jetzt nicht, dass ich mir ein spezielles Ziel gesetzt habe oder davon ausgegangen bin, dass sich meine Träume bestimmt erfüllen würden. Ich nahm einfach schon immer das an, was mir gegeben wurde, ohne es zu hinterfragen.

Meine Mama war bereits Naomis Managerin und meldete sie in Agenturen als Sängerin an. Durch eine Verkettung mehrerer Zufälle landeten auch einige Anfragen für verschiedenste Projekte bei mir. Daraufhin meldete meine Mama auch mich ganz offiziell in ein paar Agenturen an. Das fand ich natürlich super!

Kurze Zeit darauf durfte ich als Kindermodel und für TV- und Filmprojekte arbeiten. Meine Mama wurde oft kritisiert, da die Leute dachten, sie würde mich dazu zwingen oder versuchen, durch mich ihren eigenen Traum zu verwirklichen. Aber für mich war das, wie auf einem Spielplatz zu toben – einfach nur Spaß und nie das Gefühl von Arbeit!

Aber keine Sorge: Ich war auch noch ein »ganz normales« Kind. Ich habe neben der Schule sehr viel Zeit mit meinen Schulfreundinnen verbracht und viel draußen gespielt. Eins unserer Lieblingshobbys war es, Fotosessions zu machen! Das hatte ich von meiner Schwester Miriam abgeschaut, die einfach die coolsten Fotosessions mit mir machte.

Leider waren meine Freunde aber keine Christen, das heißt, ich hatte keine engen Freundschaften mit »Mitstreitern«, sondern war quasi alleine im Glauben unterwegs.

Aber da meine Eltern uns ermutigten, anderen Menschen von unserer Beziehung zu Jesus zu erzählen – sie waren ja selber als Missionare nach München gekommen –, nutzte ich viele Möglichkeiten, meinen Freundinnen von meinem »Geheimnis« zu erzählen. Nicht immer fruchtete das, aber manchmal stieß ich doch auf offene Ohren. Eine meiner Freundinnen hat sich später tatsächlich bekehrt und heute geht sie sogar in dieselbe Gemeinde wie ich! Darüber freue ich mich natürlich sehr.

Wenn mein Papa mich ins Bett brachte, stellte er mir manchmal die Frage: »Debby, was willst du denn mal machen, wenn du groß bist?« Die Antwort, die ich von meinen Eltern gelernt hatte, lautete:

preach the Gospel!
(Das Evangelium verkünden!)

Das wurde auch zu meiner persönlichen Antwort. Über allen Träumen, ein »Star« werden zu wollen, hing dieses große Ziel, das bis heute mein Lebensziel geblieben ist.

Ein anderer Satz, der mein ganzes Leben von Kind auf geprägt hat, ist:

DAS WICHTIGSTE IST, DASS MAN GOTT VERTRAUT!

Mein Papa hat uns das immer wieder gesagt – in Krisen und in Zeiten der Freude. Und er hatte recht.

Wenn ich nicht mehr weiterweiß und mit meinen Gedanken und Kräften am Ende bin, fällt mir immer dieser Satz ein. Das hilft mir unheimlich, einfach alles loszulassen und Gott schlicht und ergreifend zu vertrauen. Wenn man das nicht tut, ist das, als wolle man einen Kampf gegen Gott eröffnen. Dabei ist Gott doch auf unserer Seite.

Ich bin in dem Glauben aufgewachsen, dass Gott etwas ganz Besonderes mit mir vorhat – nicht nur mit mir, sondern mit jedem, der sich auf ihn einlässt.

AUTHOR OF LOVE

Love, the purest love of all,
Has taken over me
I don't deserve your love
By grace you gave me
Love, you showed me what is love
You gave your life for me
I can love since I met you,
the author of love!

SCHÖPFER DER LIEBE

Eine Liebe, reiner als jede andere,
Hat mich eingenommen
Ich verdiene deine Liebe nicht
Nur aus Gnade gabst du mir Liebe
Du zeigst mir, was Liebe ist
Du gabst dein Leben für mich
Ich kann lieben, seitdem ich dich,
den Schöpfer der Liebe,
kennengelernt habe!

2. EIN KINDERSTAR

Von meiner Begeisterung für die *Mini Playback Show* habt ihr ja bereits gehört. Ich wollte da unbedingt hin! Also fing ich mit acht an, in jeder freien Minute für das Casting der Show zu üben. Ich bewarb mich mit einem Lied von Janet Jackson, mit dem passenden Look und der Choreografie von ihrem Videoclip. Das durfte ich dann sogar live vor der Jury aufführen. Ihr könnt euch nicht vorstellen, wie ich mich freute, als ich erfuhr, dass ich in die nächste Runde gekommen war!

Diesmal führte ich ein Lied von Brandy auf. Es war nicht ganz so extravagant wie das von Janet Jackson. Leider bekam ich nach dieser zweiten Runde eine Absage und durfte nicht zu den TV-Aufnahmen. Das alles ist schon recht lange her und ich erinnere mich nicht mehr genau, wie das alles für mich war. Ich nahm das als Kind nicht so superernst, es machte mir ja vor allem Spaß. Aber enttäuscht war ich natürlich schon.

Obwohl ich traurig über die Absage war, konnte ich nicht aufhören davon zu träumen, Sängerin zu werden. Witzigerweise spielten wir daheim oft »Castingshow« – und das lange bevor Sendungen wie *DSDS* oder *X Factor* im Fernsehen liefen. Das war einfach ein cooles Spiel, wenn uns Geschwistern langweilig war.

Meine Schwestern standen immer hinter mir und glaubten daran, dass ich eine eigene CD machen und den Durchbruch zur erfolgreichen Künstlerin schaffen würde. Überall, wo sie etwas mit Musik zu tun hatten, berichteten sie stolz von ihrer kleinen Schwester, um Werbung für mich zu machen.

Lizzy, die Mittlere von uns fünf, arbeitete auf dem »Little O«, einem amerikanischen »kleinen Oktoberfest« in München, und beobachtete dort den Auftritt einer Popgruppe mit lauter sehr jungen Mädels. Sie kam gleich ins Gespräch mit dem Manager und der Choreografin der Gruppe und erzählte von mir. Als dann herauskam, dass sie auf der Suche nach einem zweiten Frontgirl der Band waren, war die Sache klar: Debby musste unbedingt zum Casting gehen!

Meine Mama begleitete mich dorthin, wie sie es immer tat, da ich ja erst neun war. Ich durfte etwas vorsingen und sollte der Choreografin einige Schritte nachtanzen. Sie wollte sehen, ob ich in der Lage war, schnell Tänze zu den Songs zu lernen. Da ich ja schon immer zu Hause mit meinen Schwestern oder auf der Bühne bei Naomis Konzerten mittanzen durfte, fiel mir das sehr leicht.

Das schien die Choreografin und auch den Manager zu überzeugen: Die Girlband *Sista Sista* wollte es tatsächlich mit mir wagen und ich durfte ein neues und spannendes Kapitel in meinem Leben beginnen.

Wir waren anfangs sechs Mädels im Alter von neun bis achtzehn Jahren bei *Sista Sista*. Dabei waren wir beiden Frontgirls die Jüngsten. Wir trainierten viermal die Woche in einem Fitnessstudio: Wir machten Sit-ups, lernten neue Choreografien zu den Songs, machten Gesangsübungen und feilten auch sonst an unserem Gesang. Unsere Choreografin und Vocalcoach war die Freundin des Managers und beide kamen aus den USA. Das zeigte sich auch im ganzen Konzept der Band: das war sehr amerikanisch. Der Manager und unser Vocalcoach schrieben die Songs und teilten ein, wer was singen sollte. Wir wurden bei einer Plattenfirma unter Vertrag genommen und schon bald ging's los mit den Studioaufnahmen, Konzerten, Interviews, Fotosessions und dem Reisen. Nach einiger Zeit verließ das andere Mädchen, das vor mir da war, die Band und ich war plötzlich das einzige Frontgirl.

Der Name täuscht gewaltig: Sista Sista sind (natürlich?) nicht fünf Schwestern, sondern nur zwei des Damen-Quintetts sind Schwestern. Aber was bedeuten schon Namen? „Außerdem fühlen und lieben wir uns mittlerweile wie Schwestern!" erklärt uns Sabrina, süße 13. Das sollten sie auch, denn zusammen arbeiten sie schon eine gehörige Weile. Neben Sabrina turnen noch Farah (16), Nina (16), Jacqueline (18, „Gruppensenior") und Debby (mit 10 Jahren das Küken der „Sistas") mit über die Bühne. Und wie, das war zu sehen als sie der Toursupport von 3T waren, für mächtig Furore sorgten und ihre neue Single „We Like To Dance" vorstellten. In ihrer ersten Single „I Wannabe" hieß es so schön: „I Wannabe In POPCORN, Baby..." Was ihnen schon mal gelungen wäre!

Die Rap-Küken greifen an!

Ein Artikel über »Sista Sista« in der Zeitschrift »Popcorn«.

Ich war zwar noch in der Grundschule, aber da meine Noten sehr gut waren und meine Lehrerin und der Schuldirektor grünes Licht gaben, wurde ich für die Konzertreisen in andere Städte von der Schule befreit. Natürlich musste ich dann unterwegs meine Schularbeiten erledigen und nachholen, was ich im Unterricht verpasst hatte.

Meine Mama war immer mit dabei, um aufzupassen, dass es mir nicht zu viel wurde und ich regelmäßige Pausen hatte. Sie half mir auch, meine Haare für die Konzerte zu machen und mich zu schminken. Ja, ich weiß – neun ist sehr früh, um schon Make-up zu tragen. Aber wenn man ständig für Zeitungen fotografiert wird, TV-Auftritte

Mann, war ich aufgeregt, 3T persönlich kennenzulernen!

hat und auf Bühnen steht, wo tausend Lichter auf einen scheinen, führt da kein Weg dran vorbei, sonst sieht man wie eine Leiche aus.

Wir drehten einen Videoclip zu unserer Single »We like to dance« und traten auf allen möglichen TV-Musikshows damit auf, unter anderem bei dem Musiksender Viva. Wir durften auch Vorgruppe von 3T sein, der Band von Michael Jacksons Neffen. Auf dem Foto mit ihnen bin ich knallrot, weil ich so aufgeregt war und es mir peinlich war, nach einem Foto mit ihnen zu fragen.

Für mich war ein Traum wahr geworden – ich fühlte mich wie ein Star. Das Reisen, die Auftritte, das Publikum ... das alles war für mich ein Riesenspaß. Doch bei aller Begeisterung bekam ich doch immer wieder mit, wie meine Eltern heftige Diskussionen mit dem Manager führten und es zu Streit und Uneinigkeiten kam. Die Band hatte es, bevor ich eingestiegen war, schon in verschiedensten Variationen, unterschiedlicher Besetzung und unter anderem Namen gegeben. Meine Eltern ahnten damals schon, dass da irgendwas im Busch war, denn ständig verließen Bandmitglieder die Gruppe. Schon beim Casting hatte die Mutter der Jüngsten meiner Mama empfohlen, von Anfang an einen Anwalt einzuschalten, um den Vertrag mit dem Manager und der Choreografin zu prüfen.

In der aktuellen Konstellation tourten wir durch Deutschland, übernachteten in Hotels und zwischen den Auftritten gab es dann immer Interviews mit Radiosendern oder auch Teen-Zeitschriften wie der *Bravo*.

Ich durfte also am Starleben schnuppern und fand das alles super! Da die Band mit N'Sync »befreundet« war, durfte ich sogar mal mit Justin Timberlake telefonieren. Sie wollten ihm die »Neue« der Band vorstellen. Leider war ich total schüchtern und mehr als ein Hallo hab ich, glaube ich, nicht rausgebracht. Mist – hätte ich doch mal seine Nummer notiert, dann wären wir noch in Kontakt, haha.

Da ich ja noch ein Kind war, nahm ich das ganze Geschehen, was im Hintergrund passierte, gar nicht wahr. Ich tobte mich einfach aus und genoss die Zeit auf den Bühnen. Wenn ich dann wieder nach Hause kam und zur Schule ging, zeigten mir meine Mitschüler Ausschnitte von Zeitschriften, in denen sie mich gesehen hatten. Das war total lustig! Gott sei Dank hatte ich immer ein gutes Verhältnis zu meinen Mitschülern. So etwas wie Mobbing oder Neid erlebte ich nie. Ich war auch nie der Typ, der dann von allen Erlebnissen berichtete oder angab, sondern passte mich immer schnell den anderen an.

Wie immer unterstützte mich meine Familie auch beim Projekt *Sista Sista* sehr; zu einem Auftritt in Berlin kamen sogar meine Oma und mein Onkel. Ich ahnte nicht, was im Hintergrund vor sich ging. Der Manager wollte aus irgendwelchen Gründen nicht, dass die Eltern der Kinder mitreisten und log ständig, zum Beispiel was die Gage für die Konzerte betraf. Noch dazu wurden weitere Punkte im Vertrag verletzt. Letzten Endes ging es dem Manager um Geld und die Ausnutzung der Kinder. Als das ans Licht kam, schalteten meine Eltern wieder den Anwalt ein, der mich da rausholte.

Nach acht *für mich* erlebnisreichen Monaten beschlossen meine Eltern darum, mich aus der Band zu nehmen. Da meine Eltern mir erklärten, was die Gründe dafür waren, fand ich das auch gar nicht so schlimm. Von heute auf morgen hörte ich also auf bei *Sista Sista*. Aber ich vermisste die anderen nicht groß. Befreundet war ich vor allem mit dem anderen Frontgirl gewesen, das schon vor mir die Band verlassen hatte. Ich genoss nun die Zeit mit meinen Freunden in der Schule und war gespannt zu sehen, was als Nächstes in meinem Leben passieren würde. Wenn ich zurückdenke, schockiert mich, dass ich damals anfing zu denken, ich sei zu dick. Ein Mädchen aus der Band sprach mich auf das Bäuchlein an, das ich zugelegt hätte. Stellt euch das mal vor – ich war doch gerade mal neun und dick schon gar nicht! Aber so schnell können solche Gedanken entstehen, wenn wir anfangen, zu glauben, was andere sagen oder wenn wir anfangen uns mit Modelmaßen zu vergleichen. Gott sei Dank blieben das bei mir immer nur blitzartige Gedanken und es kam nie zur Magersucht oder sogar Bulimie.

Ein Freund meiner Schwester Miriam hatte ein Tonstudio und produzierte Songs. Sie brachte mir einige Playbacks mit nach Hause und wir schrieben zu den Instrumentalstücken gemeinsam Lieder. Ich dachte mir die Melodien aus und Miriam schrieb dazu den Text. Wir fanden das so cool, dass wir damit gleich ins Studio gingen, um die Songs aufzunehmen. Das war meine erste Erfahrung, meine eigenen Songs in einem Studio aufzunehmen. Ich verliebte mich ganz schnell in die Studioatmosphäre. Die Lieder von damals klingen übrigens nach purem R&B aus den 90ern. Miriam machte gleich noch eine Fotosession mit mir und gestaltete auch ein Cover für die Kassetten und CDs. Wir machten das eher zum Spaß. Und ich träumte weiter, wie es wäre, ein eigenes Album machen zu dürfen.

Neben der Schule und der Musik bekam ich die Möglichkeit, eine weitere ungewöhnliche Erfahrung zu sammeln: Ich durfte als Synchronsprecherin arbeiten. Meine Mama hatte Demoaufnahmen von meinem Gesang eingeschickt und plötzlich meldete sich jemand mit einer Anfrage. Ich durfte bei *König der Löwen 2* die kleine Kiara sprechen und singen! Keine leichte Aufgabe. Ich bekam vorab die Lieder auf Kassette, damit ich fleißig üben konnte. Dann flog ich mit meiner Mama nach Berlin, wo ich im Studio das Geübte einsang. Es gab ja schon den Zeichentrickfilm auf Englisch, mit den entsprechenden Lippenbewegungen der Figuren. Nun musste ich den deutschen Text genau so sprechen und singen, dass er zur vorgegebenen Lippenbewegung passte. Das ist wirklich Millimeterarbeit und sehr anstrengend. Aber ich war jedes Mal mit dem Ergebnis zufrieden. Die Arbeit hat sich gelohnt. Allerdings machte mir das freie, unbekümmerte Singen immer viel mehr Spaß. Nach dem *König der Löwen 2* kam dann gleich die nächste kleine Rolle: die kleine Miriam in *Der Prinz von Ägypten*.

Ich ging außerdem immer wieder auf Castings von TV-Serien oder Werbungen und hin und wieder bekam ich dann eine Rolle. Das alles bereitete mich auf meine nächste »challenge«, wie Heidi Klum ja so schön sagt, vor.

Meine Mama entdeckte eine Anzeige in einer Musicalzeitung: Die Hauptrolle für ein britisches Musical, das nach Deutschland kommen sollte, wurde gesucht. Natürlich war ich sofort Feuer und Flamme. Aber eine Musicalrolle bedeutete etwas ganz anderes als das Singen und Tanzen bei *Sista Sista*. Musicals finden zwar normalerweise an einem festen Ort statt, dafür gibt es aber monatelang mehrmals pro Woche Aufführungen. Da das Musical in Aachen aufgeführt werden sollte, über 600 km entfernt von München, mussten wir genauestens überlegen, ob meine Eltern und ich bereit wären, dafür umzuziehen, falls ich denn die Rolle überhaupt bekäme.

Nach langem Überlegen fuhren meine Mama, Lizzy, Miriam und ich nach Hamburg zum Casting. So etwas muss man erst mal mitgemacht haben! Als ich an der Reihe war mich vorzustellen, sang ich das Lied »Everybody's free (to feel good)« aus dem Film *Romeo + Julia* vor und war gespannt auf die Reaktion. Der Produzentin, die beim Casting dabei war, gefiel das zwar, aber noch musste geprüft werden, ob ich denn auch in der Lage war zu tanzen und auch schnell neue Lieder lernen konnte. Der Pianist kam

Sofort nach dem Casting für »Just One World« wurde ein Foto von mir gemacht, wie ich mit der Choreografin übe.

BILD und Aachener Musical Center wählten die erste „Zoey"

Deborah (10): „Hurra, ich bin der neue Musical-Star"

Von BIRGIT BEGASS

Aachen – Sie heißt Deborah van Dooren, ist gerade mal zehn Jahre alt – aber für sie geht ein Traum in Erfüllung, den viele kleine Mädchen träumen: Das 1,47 Meter große Energie-Bündel ist von BILD und Aachener Musical Center als Hauptdarstel-lerin für das neue Musical „Just one World" ausgewählt worden.

Die Hauptschülerin aus München soll für die Rolle der kleinen „Zoey" engagiert werden, deren phantasti-sche Träume im Mittelpunkt des neuen Musicals stehen (Premiere: 29. August). Georg Mittendrein, der künstle-rische Leiter ist begeistert: „Sie hat ei-ne Superstimme, kann tanzen – und sie hat schauspielerisches Talent."

Deborah hat schon Bühnenluft ge-schnupppert – als Komparsin in Kino-Fil-men, bei TV-Aufnahmen und als Front-girl in der bekannten Girlieband „Sista Sista". In den nächsten Wochen will sie mit ihrer Mutter nach Alsdorf umziehen. „Nun geht's richtig los", sagt sie.

Jetzt werden noch zwei weite-re „Zoeys" gesucht. Wer nicht viel älter als zwölf Jahre alt ist, wer vielleicht Gesangs-Unter-richt hatte und ein wenig schau-spielerisches Talent besitzt, der kann sich zum nächsten Casting in zwei Wochen bewerben: In-fos unter ☎ 02404/9130717.

gleich dazu und spielte mir eins der Lieder der Hauptrolle vor und ich sollte nachsingen. Nachdem auch das gut geklappt hatte, mus-ste ich der Produzentin, die auch die Choreografin war, nachtanzen. Danach war der Groschen gefallen! Sie wollten mich als »Zoey« in dem Musical *Just One World* haben. Meine Familie konnte das gan-ze Casting durch eine Glasscheibe mitverfolgen.

Da wir uns das ja alles schon vorher überlegt hatten, sagten wir gleich zu und sofort war die Presse da und machte ein Foto von mir für die Zeitung.

Das bedeutete also, dass wir jetzt für die Proben und Auftritte nach Aachen ziehen würden. Geplant war, für das Musical ein Jahr dort zu bleiben.

Meine Eltern entschieden sich dafür, dass nur meine Mama und ich umziehen würden, da mein Papa ja seine Arbeitsstelle in München hatte. Wir wollten uns aber an den Wochenenden sehen. Meine Schwestern waren alle alt genug und mussten nicht mit nach Aachen ziehen. Zum Teil wohnten sie auch gar nicht mehr zu Hause.

Wir machten uns also mit unseren Siebensachen und meinen tausend Kuscheltieren auf den Weg nach Aachen und blieben anfangs in einem Hotel-Appartement in Alsdorf, wo die Musicalhalle gerade gebaut wurde. Ich bekam den dicken Schinken an Drehbuch und musste anfangen, meine Texte und Lieder auswendig zu lernen. Es gab ein paar Tage, an denen wir das ganze Team und die anderen Schauspieler kennenlernen konnten. Ich lernte auch gleich meine beiden Zweitbesetzungen kennen. Ich hatte zwar gehofft, neue Freundinnen zu finden, doch zumindest mit einer gab's leider nur Zickereien.

Nach einiger Zeit fanden meine Mama und ich eine eigene gemütliche Wohnung und ich durfte auf ein Gymnasium in der Nähe gehen, da ich gerade die vierte Klasse mit einem sehr guten Zeugnis beendet hatte. Die Schule machte mir Spaß und ich lebte

So sah das Ganze dann auf der Bühne aus.

For Dada y : I love you soooo much . Dilore

mein Papa besuchte mich backstage bei »Just one World«.

mich dort schnell ein. Mit meiner besten Freundin in München hielt ich fast täglich Briefkontakt.

Meine Auftritte waren immer an den Wochenenden oder an Feiertagen. Ich musste mich also unter der Woche nur auf das Wochenende vorbereiten und hatte sonst frei. Ab und zu kamen meine Schwestern oder mein Papa zu Besuch und schauten sich natürlich auch das Musical an.

Auch diesmal durfte ich für Zeitungen und TV-Sendungen Interviews geben. Ich wurde immer wieder gefragt, wie es sei, ein so junger »Musicalstar« zu sein. Ich genoss die Zeit total. Es gefiel mir, auf der Bühne solche schönen Lieder mit einer Band singen zu dürfen. Aber bald merkte ich, wie es mich langweilte, die Lieder immer gleich singen zu müssen. Da ich ja so viel R&B und Popmusik hörte, war das für mich natürlich ein ganz anderer Gesangsstil. Aber auch hier sammelte ich Erfahrung, die ich später zu meiner Gesangsausbildung zählte.

Nach knapp vier Monaten ging dem Musical das Geld aus und die Musicalhalle musste geschlossen werden. Mitten im Schuljahr musste ich also wieder nach München zurück. Ich freute mich natürlich auf München und meine Freunde dort, aber gleichzeitig musste ich wieder in eine neue Schule gehen. Wir entschieden uns auch in München für ein Gymnasium, doch ich hatte keine Ahnung, wie viel schwerer das Schulsystem in Bayern im Vergleich zu Nordrhein-Westfalen war. Ich war zwar in derselben Klasse wie einige meiner früheren Schulkameraden, aber meine Noten waren nicht mehr so gut wie in Alsdorf. Ich musste einiges an Schularbeit nachholen, aber auch das klappte irgendwie.

Meinen Eltern war es wichtig, dass wir zur Schule gingen, aber – anders als bei vielen anderen Eltern – war es für sie nicht die Hauptsache, dass wir das Abi machten. Da Naomi schon nach der zehnten Klasse auf dem Gymnasium die Schule beendet hatte, beschloss ich, das genauso zu machen. Ich musste einfach nur bis zur zehnten Klasse durchhalten – das war mein Ziel! Ich wollte schon immer lieber arbeiten gehen, als zu studieren. Noch dazu hätte ich gar nicht gewusst, was ich denn überhaupt studieren sollte, da ich ja immer den Wunsch hatte, möglichst viele künstlerische Tätigkeiten auszuüben.

Manchmal schaue ich zurück und wünsche mir, ich wäre nach dem Gymnasium auf eine Schule in Amerika gegangen, wo ich meinen Gesang und meine Musik hätte ausbilden können. Aber da ich ja über viele Jahre sehr viel Praxis in diesen Bereichen hatte, konnte ich mich auch auf diesem Weg weiterbilden.

Mittlerweile gibt es ja auch in Deutschland im Popbereich gute Musikhochschulen. Wenn mich jemand also nach meiner Empfehlung fragen würde, würde ich auf jeden Fall raten, eine Ausbildung in der Richtung zu machen, da es ja bekanntlich sehr schwer ist, sich mit künstlerischen Berufen über Wasser zu halten.

Meine Mama managte mich von Anfang an, da keine Mutter ihr so junges Kind alleine in fremde Hände geben würde und es gesetzlich auch gar nicht anders gegangen wäre. Noch dazu haben im Showbusiness ja immer Erwachsene miteinander zu tun. Kinder haben da nicht viel zu sagen, auch wenn sie »Stars« sind. Die Fäden werden von den Erwachsenen im Hintergrund gezogen. Und die denken nicht immer daran, dass ein Kind zum Beispiel öfters eine Pause braucht und nicht so lang am Stück arbeiten kann wie ein Erwachsener.

Es gab nie ein offizielles Gespräch, ob ich wollte, dass meine Mama mich managt – das war einfach selbstverständlich. Sie tat das auch gerne für uns Töchter.

Mein nächster großer Auftrag hieß *Annie*.

Das war ein amerikanisches Musical, das in München aufgeführt werden sollte.

Als Kind hatte ich den Film von 1981 schon oft gesehen und mich sogar bei einer Faschingsfeier als dieses Waisenkind, das zum Schluss endlich adoptiert wird, verkleidet. Das bekannte Lied »Tomorrow« hatte ich auch schon oft geübt, bevor es überhaupt zu einem Casting für das Musical kam.

Ich war begeistert, als ich die Hauptrolle bekam, nämlich die »Annie«. Diesmal war *ich* allerdings die Zweitbesetzung. Ich musste eine viel zu große Perücke mit roten Locken, die »Annie« ja auch hatte, tragen und durfte mit lauter anderen »Waisenkindern« lustige Choreografien für die Show einstudieren.

Ich kann immer noch nicht glauben, dass sie mir als »Annie« so eine Riesenperücke auf den Kopf gesetzt haben!

Leider lief das Musical nicht sehr erfolgreich, sodass ich nicht sehr lange diese Rolle mit den tollen und gesanglich anspruchsvollen Liedern spielen durfte.

Danach beschloss ich, weiter an meiner eigenen Musik zu arbeiten. Ich schrieb täglich neue Lieder, immer in Englisch, da das meine gefühlte Muttersprache ist, und stellte mir vor, wie sie musikalisch produziert werden sollten. Ich konnte zwar Klavier spielen, aber die Melodien und Akkorde hatte ich nur in meinem Kopf! Nachdem mich Naomi mit zwei Produzenten bekannt gemacht hatte, fingen wir an, gemeinsam an meinen Liedern zu arbeiten. Ziel war es, einen Plattenvertrag zu ergattern und die Bühnen Deutschlands zu erobern! Die Texte meiner Songs waren schon immer christlich. Wir versuchten zwar auch ein paar Liebeslieder und sogar einen Coversong aufzunehmen, in der Hoffnung, dass die eventuell mehr Aufmerksamkeit bei den Plattenbossen bekommen würden, aber mein Wunsch war es eigentlich, mit meiner Musik Menschen zu erreichen, die Jesus noch nie kennengelernt hatten. Wir schickten eine Demo-CD an verschiedene Plattenfirmen, aber immer kam die Aussage, dass ich zu jung und amerikanisch für den deutschen Musikmarkt sei. Das frustrierte mich immer sehr, da ich mir sicher war, dass Deutschland mich unbedingt »brauchte«. Ich wusste damals einfach noch nicht, was Gott mit mir vorhatte und was *er* darüber dachte, was gebraucht wird oder nicht.

Im Nachhinein bin ich froh, dass Gott mich davor bewahrt hat, den »Durchbruch« zu schaffen. Ich war ja gerade mal zwölf und der säkulare Musikmarkt ist sehr gefährlich. Man muss sich einfach nur mal ein paar »Stars« anschauen: Ihre Ehen gehen kaputt, sie kämpfen mit einem schwachen Selbstbewusstsein, verfallen Drogen und Alkohol und sind oft einfach nur ausgebrannt und unglücklich. Und viele Stars, die behaupten Christen zu sein und vor Konzerten immer »fromm« beten, haben ein total verzerrtes Bild von Gott und basteln sich ihre eigenen Wahrheiten zusammen – Hauptsache, man behauptet, dass man Jesus über alles liebt! Man bekommt das am häufigsten bei amerikanischen Celebrities mit.

Das war mir damals alles gar nicht bewusst, ich sah nur dieses »Glitzern und Funkeln«. Viele sehen diese Seite des Ruhms, wissen aber leider nicht, wie die Realität aussieht.

Noch dazu wollte mir Gott eine dicke Portion Demut beibringen – und Vertrauen darauf, dass seine Pläne mit Sicherheit besser sind als meine. Sein Jünger oder seine Jüngerin zu sein bedeutet ja eigentlich, *ihm* immer ähnlicher zu werden und nicht dieser Welt. Jesus sagt uns ja auch in der Bibel:

Doch viele, die heute wichtig erscheinen, werden dann die Geringsten sein, und die, die hier ganz unbedeutend sind, werden dort die Größten sein. (Matthäus 19,30).

Und noch was: Jesus war vielleicht berühmt, aber er hatte noch nicht mal ein richtiges Zuhause und reich war er auch nicht. Er sagte einmal von sich:

Füchse haben ihren Bau, und Vögel haben ihre Nester, aber der Menschensohn hat keinen Ort, wo er sich hinlegen kann.
(Matthäus 8,20)

Ich denke gerne an alle diese Erfahrungen zurück, die ich in den verschiedensten musikalischen Bereichen als Kind machen durfte. Gleichzeitig würde ich es meinen Töchtern nicht empfehlen, weil man so schnell auf die falsche Bahn geraten kann. Ich durfte zwar die Welt der Erwachsenen kennenlernen und lernte früh, mich professionell und erwachsen zu verhalten, aber richtig erwachsen wurde ich doch erst viel später. Aber hey, Gott erlaubte das offensichtlich in meinem Leben und brachte mich immer wieder auf die richtige Bahn zurück, wenn ich davon abkam.

YOU GIVE ME MUSIC

Grateful, thankful, for putting melodies into my heart
I can't force it, making up a song, I fall apart
When I forget how good it feels to sing my heart out
makes me happy knowing I can take what comes my way
Today, okay, I can make it if I pray, you say I'm safe
in a beautiful melody

DU GIBST MIR DIE MUSIK

Ich bin dankbar,
dass du mir melodien ins Herz gelegt hast
Ich kann es nicht erzwingen,
mir ein Lied auszudenken.
Ich breche zusammen,
Wenn ich vergesse, wie gut es sich anfühlt,
aus vollstem Herzen zu singen
Es macht mich glücklich zu wissen,
dass ich ertragen kann,
was du mir in den Weg stellst
Heute ist es o.k., ich kann alles schaffen,
wenn ich bete.
Du sagst, dass ich bei dir sicher bin
in einer wunderschönen melodie

Du gibst mir die musik, nur deinetwegen
Kann ich Herausforderungen ertragen,
nur du kannst mich durch musik retten,
nur deinetwegen
Du gibst mir die musik, Ehre sei dir!

You give me music, it's 'cuz of you
I can get through it, only you can
Save me with music, it's 'cuz of you
You give me music, praise to you!

43

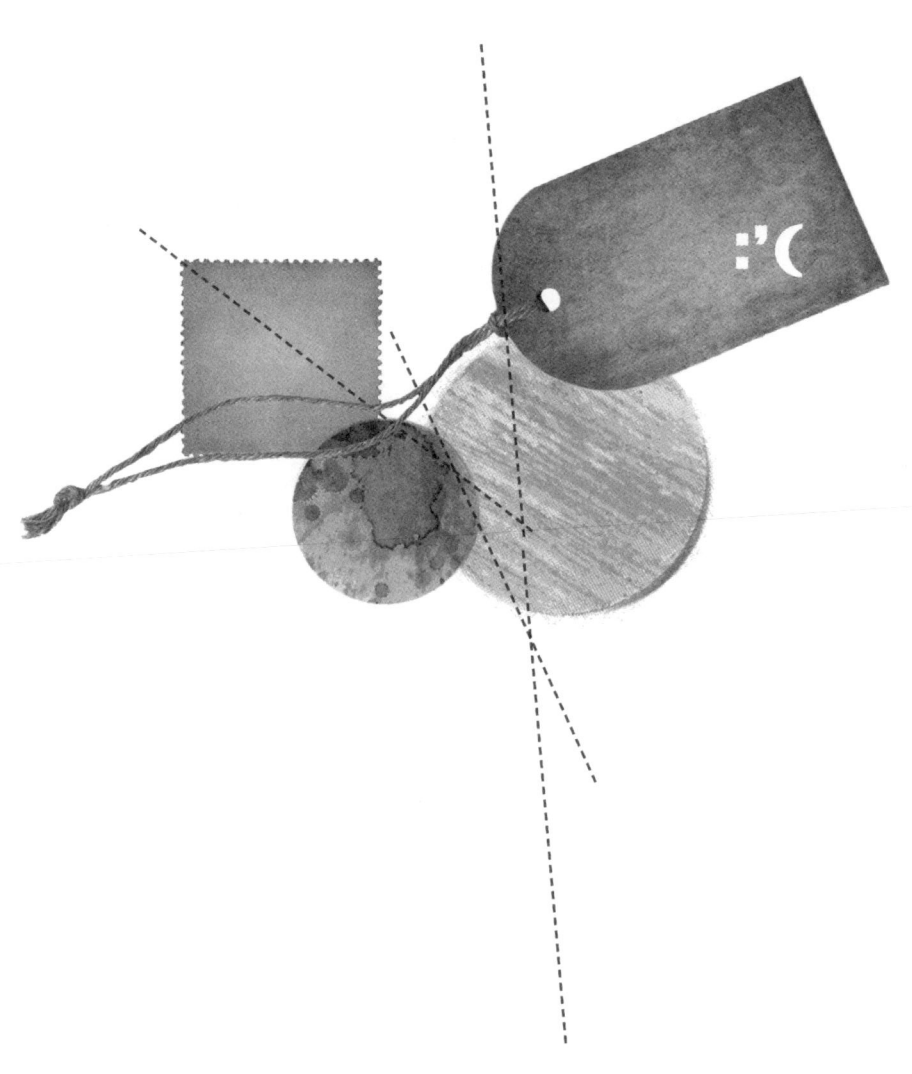

3. OHNE PAPA ERWACHSEN WERDEN

Während dieser ganzen spannenden Erlebnisse, die ich in der Musikbranche machen durfte, passierte etwas, das mein Leben und meinen Glauben veränderte.

Als ich sechs war, erzählten mir meine Eltern, dass bei meinem Papa Krebs diagnostiziert worden sei. Ziemlich kurz darauf hatte er eine Operation. Wir besuchten ihn im Krankenhaus. Ich hatte ihm ein Bild von einem roten Krebs gemalt, das ich ihm als Geschenk mitbrachte. Das sagt doch alles: Ich hatte keine Ahnung, was diese Krankheit bedeutete und dachte auch nie daran, dass er sterben könnte. Immer wenn ich ihn besuchte, machte er einen zufriedenen und munteren Eindruck. Ich hörte ihn nie klagen oder jammern, daher kam ich mit der Situation gut klar und war überzeugt davon, dass Gott ihn irgendwann von der Krankheit befreien würde.

Neben der Chemotherapie probierten meine Eltern viele andere Dinge aus: Operationen, Bestrahlungen, Fasten, spezielle Diäten, Kuren, etc. Wir beteten als Familie viel für meinen Papa und dass Gott ihn doch heilen möge. Ich war fest davon überzeugt, dass das passieren würde, wenn wir nur stark genug glaubten! Das war leider eine falsche Lehre, die ich von der Gemeinde, die wir damals besuchten, gelernt hatte. Gott zu vertrauen heißt nicht, dass immer das passiert, wofür wir beten. Manchmal müssen wir uns seinem

Willen beugen, auch wenn es uns überhaupt nicht passt. Man kann so viele Geschichten in der Bibel finden, in denen Menschen Gottes Willen annehmen müssen, auch wenn sie sich etwas anderes gewünscht haben. Natürlich dürfen wir Gott um alles bitten, aber gleichzeitig können wir anhand des Vaterunsers sehen, dass nicht mein, sondern *Gottes* Wille geschehen soll (vgl. Matthäus 6,10).

Mit mir wurde nie über den möglichen Tod meines Papas geredet, da er ein richtiger Kämpfer war. Vielleicht wollten meine Eltern mich auch einfach vor diesem Thema schützen, damit ich mir keine Sorgen machte. Selbst seine Arbeitskollegen wussten von nichts – noch nicht einmal, dass er überhaupt Krebs hatte. Da die Ärzte immer wieder erstaunt waren, dass Tumore plötzlich verschwunden waren und es meinem Papa auch viel besser ging als noch am Anfang, gewöhnte ich mich daran und ging davon aus, dass das einfach immer so ein Hin und Her sein würde.

Letztendlich ging das sieben Jahre so, obwohl die Ärzte meinem Papa anfangs nur ein paar Monate zu leben gegeben hatten.

Als ich 13 war, heirateten gleich zwei meiner Schwestern: Naomi und Esther. Man konnte bei den Hochzeiten schon sehen, dass mein Papa seine Töchter kaum ohne Schmerzen zum Altar führen konnte. Aber so richtig klar wurde mir sein Zustand erst in unserem Urlaub, einen Monat danach. Ein Arbeitskollege meines Papas lud meine Eltern und mich zu einem gemeinsamen Urlaub in die Türkei ein. Während dieser Zeit standen meinem Papa die Schmerzen ins Gesicht geschrieben, wenn er versuchte, normal zu laufen. Er verbrachte auch viel Zeit im Hotelzimmer, obwohl draußen die Sonne strahlte. Da er zu dem Zeitpunkt sehr starke Medikamente bekam, war er noch geschwächter als sonst. Mittlerweile lief er auch mit einer Krücke und fiel dann auch noch am Pool hin.

In diesem Urlaub durfte ich meinen Geburtstag mit einem Magen-Darm-Virus im Bett feiern. Wahrscheinlich hatte ich das Wasser von dort nicht vertragen. Mein Papa brachte mir eine Torte ans Bett, um mir eine Freude zu machen. Ihm war nicht klar, wie schlecht mir bei dem Anblick werden würde. Ja – das war mein Papa!

Als wir zurück nach München kamen, legte er sich erst mal auf die Couch im Wohnzimmer und war von dort nicht mehr wegzukriegen. Er hatte keine Kraft mehr und litt unter heftigen Schmerzen. Meine Mama rief seine Ärzte an, doch die meinten, wir sollten einfach das Wochenende abwarten und ihm eine höhere Dosis Medikamente geben.

Während er also im ständigen Halbschlaf auf der Couch lag, erzählte er viel wirres Zeug. Lizzy, die zu dem Zeitpunkt zu Hause war, und ich machten uns darüber ein bisschen lustig. Unser Papa hatte ja immer Witze gemacht, egal wie schlecht es ihm ging, und wir gingen davon aus, dass er auch diesmal bald in die Scherze mit einstimmen würde.

Mitten in der Nacht wurde ich von meiner Mama oder Lizzy, daran kann ich mich nicht mehr erinnern, geweckt: »Debby, Debby, wach auf! Komm schnell ins Wohnzimmer!« Ich rannte ins Wohnzimmer. Da *saß* mein Papa auf der Couch und machte so komische Geräusche, wie wenn man gegen etwas kämpft, so ein schnelles, flaches Atmen. In den letzten Tagen hatte er nicht einmal mehr die Kraft gehabt, sich aufzusetzen, und nun saß er plötzlich doch wieder. Ich stand betend vor ihm und heulte nur noch Rotz und Wasser. In diesem Moment ahnte ich das erste Mal, dass er uns verlassen würde. Dann rief er mit einem breiten Lächeln und leuchtenden Augen: »Praise God – this is the last lap!« *(Preis den Herrn – das ist die letzte Runde!)*

Ich hab das Bild noch heute ganz genau vor Augen: Plötzlich sah er etwas, was wir nicht sahen. Er strahlte und wusste, wo er jetzt hingehen würde. Im Vergleich zu den Tagen davor, als er sich vor Schmerzen kaum bewegen konnte, hatte er nun diese hoffnungsvolle Ausstrahlung. Diesen Unterschied zu sehen, wie er jetzt auf einmal strahlend dasitzen konnte, bewegt mich heute noch und erinnert mich daran, dass das, was ich in der Bibel über den Himmel lese, auch stimmen muss! Und ich durfte Zeuge dieses besonderen Moments sein. Der Himmel war plötzlich zum Greifen nah.

Kurz darauf kamen auch schon die Sanitäter mit dem Krankenwagen und brachten Papa ins Krankenhaus. Wir Frauen fuhren mit und beteten im Nebenraum.

Nach einer gefühlten Ewigkeit kam der Arzt aus der Intensivstation und teilte uns mit: »Es tut mir leid, aber Ihr Vater ist gestorben.«

Da brach erst mal meine ganze heile Welt zusammen. Mir ging so vieles gleichzeitig durch den Kopf: *Was ist mit den Teenie-Erlebnissen, die mich erwarten? Mit meiner Hochzeit und späteren Kindern? Das kann ich doch nicht alles ohne meinen Papa erleben! Wie kann Gott so etwas zulassen? Ich dachte doch, er wollte Papa heilen?* Eine Szene nach der anderen spielte sich in meinem Kopf ab. Was sollte bloß ohne ihn aus mir werden? Obwohl ich in meiner Kindheit mit meiner Mama viel mehr Zeit verbracht hatte, war er trotzdem immer sehr präsent und ein ganz toller Vater für mich.

Es gibt ein paar ganz bestimmte Momente mit meinem Papa, an die ich gerne zurückdenke:

Mit acht ließ ich mich von ihm taufen. Er hielt die Predigt, stellte mir ein paar Fragen, warum ich mich denn überhaupt taufen lassen wollte, taufte mich und zum Schluss sangen wir alle gemeinsam einige Lobpreislieder. Zu einem Lied bildeten wir eine Polonaise, in der wir singend hinter Papa mit der Gitarre durch den Gemeindesaal liefen. Meine Familie, Freunde und viele Bekannte waren bei dem Gottesdienst dabei.

Einmal änderte er den Text eines bekannten und total schönen Beatles-Songs (»Here, there and everywhere«) und wollte, dass ich ihn singe, während er dazu Klavier spielte. Die musikalischen Erinnerungen, die ich an ihn habe, sind mir besonders wertvoll.

Einmal ging ich zu einem Casting für eine deutsche TV-Serie.

Als sie mich dann für diese kleine Nebenrolle haben wollten und sich herausstellte, dass ich nur in Unterhose und Unterhemd auftreten sollte, lehnte ich die Rolle ab. Ich weiß noch, wie stolz er war, dass ich das von mir aus tat.

Auf einer unserer USA-Reisen nahm mich mein Papa mit zu guten alten Freunden von ihm. Wir erlebten viele tolle Dinge während der Autofahrt dorthin. Wir sahen uns die »Red Wood Trees« an, die berühmten Mammutbäume in Kalifornien, fuhren zusammen auf einem See Ruderboot und genossen die Natur. Das war etwas ganz Besonderes für mich, da wir das alles nur zu zweit erlebten.

Bei einem Familienurlaub am Clear Lake in Kalifornien nahm er mich auf einem Jetski mit. Das Highlight dort war für mich, wie er mir beibrachte, rückwärts in den Pool zu springen – quasi mit einem Flickflack. Das werde ich nie vergessen! Ich kriegte es auf Anhieb hin, da ich ihm vertraute und er mir immer gut Mut machen konnte. In diesem Moment zeigte er mir deutlich, wie stolz er auf mich war.

Das sind vielleicht lauter Kleinigkeiten, aber alles in allem sind das die Dinge, die mir im Leben Mut gemacht haben und mir zeig-

Alleine mit Papa unterwegs in den USA.

Jetski mit Papa und meiner Cousine.

USA

ten, dass ich etwas Besonderes bin und mein Papa voll hinter mir stand und mich liebte.

Ich bin Gott sehr dankbar, einen so tollen Papa gehabt zu haben – ich weiß, dass es viele gibt, die nicht so über ihren Papa sprechen können. Aber ein Trost, den auch ich erlebt habe, nachdem mein leiblicher Papa von uns ging: Es gibt einen *noch* tolleren, *perfekten* Papa: nämlich Gott! Das klingt vielleicht geschwollen, aber bis heute weiß ich, dass ich nicht nur Jesus als meinen Freund und Erlöser erleben darf, sondern auch Gott, den Vater, als meinen ganz persönlichen Papa. Ich wusste: Er *ist es, der mich bei meiner Hochzeit auf dem Weg zum Altar begleiten wird,* er *ist es, der sich über meine Kinder freuen wird und* er *ist es, der mich immer als seine Tochter trösten und für mich sorgen wird.*

Die Tage und Nächte nach Papas Tod waren die intensivsten meines Lebens. Wir haben als Familie gefastet, gebetet, gesungen und nach Antworten, Trost und Ermutigung in der Bibel geforscht. Bis dahin hatte ich noch nie gefastet. Mir wurde nun klar, welche Auswirkungen das haben kann, wenn man Gott im Fasten sucht und *er* unsere Nahrung wird. Wir hatten viele Lobpreiszeiten mit CDs zu Hause, lasen laut Bibelstellen vor und knieten in unserem Wohnzimmer vor Gott im Gebet. Ich kann mich noch erinnern, wie ich auf unserem Wohnzimmerboden vor dem Kamin auf dem Boden lag und Gott um Beistand und Trost bat. All das gab mir jeden Tag die Kraft, die ich brauchte, um den Tod meines Papas verarbeiten zu können.

Zu diesem Zeitpunkt waren alle meine Schwestern wieder in München und wir konnten als komplette Familie trauern – oder wie auch immer man das nennen will. Ehrlich gesagt dachten viele unserer Freunde, wir tickten nicht ganz richtig, weil wir zwischen dem vielen Weinen auch viel gelacht und die Tatsache gefeiert haben, dass unser Papa jetzt keinen Krebs mehr hatte und bestimmt gerade eine Party im Himmel feierte. Vielleicht brachte er Jesus und die Jünger mit seinen verrückten Witzen zum Lachen? Viele konnten einfach nicht nachvollziehen, wie wir trotz allem noch lachen konnten.

Es überkamen mich aber trotzdem immer wieder viele Ängste, wie mein Leben ohne Vater wohl sein würde. Ich stand vor der Entscheidung, ob ich Gott vertrauen oder mich meinen Ängsten hingeben wollte. Gott hat mich schon so oft vor diese Wahl gestellt und ich bereue es bis heute nicht, dass ich ihm auch in dieser Situation blind vertraute.

Ich durfte durch Gottes Wort Trost, Ermutigung und Freude trotz der Trauer erleben. Manche würden vielleicht sagen, dass ich ja wenigstens noch vier Schwestern und eine Mutter hatte, die das Gleiche mit mir erlebten, aber ehrlich gesagt konnte mir keiner, auch sie nicht, das geben, was ich wirklich brauchte. Das konnte nur Jesus mir geben.

Wir hielten eine Trauerfeier, bei der jeder von uns etwas über meinen Papa erzählte und Bibelstellen vorlas, die uns in dieser Zeit wichtig geworden waren. Zu einem meiner Lieblings-Lobpreislieder, »Refuge«, führten wir einen Tanz mit Zeichensprache auf. Viele Besucher hatten so eine »Trauerfeier« noch nie erlebt, glaube ich.

Im Gegensatz dazu war die Beerdigung auf dem Friedhof einfach nur kahl, grau und hoffnungslos. So empfinde ich das, wenn ich mich daran zurück erinnere. Aber das liegt wohl generell an Friedhöfen.

Ich bin seitdem nie wieder zum Grab gegangen. Bis heute kann ich damit einfach nichts anfangen. Für mich ist mein Papa jetzt sowieso im Himmel und im Grab sind nur noch seine zurückgebliebenen Knochen. Keine Ahnung, was ich da am Grab tun soll. Aber vielleicht ist das auch nur meine komische Einstellung.

Was mich jetzt an ihn erinnert, sind Fotos, Briefe oder Lieder von ihm. Viele Dinge kleben an meiner »inspirational wall«, von der ich schon erzählt habe. Ich freue mich schon darauf, ihn im Himmel

Am Klavier meiner Oma in den USA. Um diese Zeit schrieb ich den >>Daddy Song<< für meinen verstorbenen Papa.

wiederzusehen und bin gespannt, was wir da alles machen werden. Er liebte es zu segeln und Gott mit Liedern anzubeten, also wird er das ja vielleicht auch dort machen dürfen.

Ich bin so dankbar, viele tolle Dinge mit ihm erlebt zu haben! Gleichzeitig finde ich es echt schade, dass ich nie Erwachsenengespräche mit ihm führen konnte, da er genau zu der Zeit starb, als ich erst anfing, mich mit solchen Themen zu beschäftigen.

Ich hatte zwar meinen Papa verloren, aber ich hatte ja noch die Musik. Kurz nach seinem Tod schrieb ich ein Lied, in dem ich das verarbeiten konnte, was mich bewegte. »Daddy Song« haben wir auf dem Album der Van Dooren Sisters veröffentlicht.

Viele Lieder entstanden aus diesem Erlebnis heraus, so auch »Not afraid«. Eigentlich hat Naomi diesen Vers und auch die Melodie des Refrains geschrieben, aber ich habe das Lied zu meinem Eigenen gemacht. Mir machen die Worte »Not afraid« Mut. Alles in dieser Welt kann kommen und gehen, aber nicht meine Beziehung zu Jesus.

Und das Leben ging weiter, auch ohne Papa. Auch was die Musik anging. Naomi und ich durften kurz nach dem Tod unseres Papas an einem anderen Projekt mitwirken: nämlich an dem Disney-Film *Arielle, die kleine Meerjungfrau Teil 2 – Sehnsucht nach dem Meer.*

Naomi verlieh der Arielle ihre Gesangsstimme und ich durfte die ihrer Tochter Melody singen. Jobs, die ich zusammen mit Naomi machen darf, haben mir schon immer großen Spaß bereitet.

Das waren Dinge, die mich ermutigten mit der Musik weiterzumachen. Sie halfen mir mit Situationen umzugehen, die in der Realität zwar schwierig waren, aber durch das Singen plötzlich nicht mehr so schlimm schienen.

Wenn ich singe, fühlt es sich an, als ob ich an einem sicheren und intimen Ort bin, den nur Gott kennt. Ich kann ganz befreit und ich selbst sein und weiß, dass mir das keiner wegnehmen kann. Vielleicht ist das auch der Grund, warum es mir so schwer fällt, »ganz privat« in einem kleinen Kreis von Leuten zu singen. Auf der Bühne habe ich genügend Abstand und fühle mich nicht so, als könnte man mir direkt in die Seele schauen.

Manchmal frage ich mich, wie es wohl wäre, wenn Gott mir meine Stimme nehmen würde. Aber ich versuche mir nicht unnötig über Dinge Gedanken zu machen, die vielleicht nie eintreffen.

Da mein Papa in den Sommerferien von uns ging, hatte außer meiner besten Freundin keiner etwas davon mitbekommen und ich musste auch nicht um schulfrei für die Beerdigung bitten. Ich ging ganz normal wieder zur Schule und erzählte erst vom Tod meines Papas, nachdem meine Freunde mich auf dem Sportplatz während der Bundesjugendspiele auf ihn angesprochen hatten. Sie waren total geschockt, als ich ihnen von meinem »Sommererlebnis« erzählte. Meinen Papa kannten sie von Übernachtungen bei mir, als er immer irgendwelche lustigen Sprüche von sich gegeben hatte.

Kurz nachdem mein Papa von uns gegangen war, verließen wir aus verschiedenen Gründen die Gemeinde, in die wir acht Jahre gegangen waren. Am Anfang schauten wir uns jeden Sonntag Predigten im Fernsehen an und lasen gemeinsam die Bibelstellen dazu oder hatten eine Gebetsgemeinschaft. Das war auf jeden Fall besser als nichts, aber leider reichte mir das als Teenie nicht aus. Ich hätte christliche Mädels in meinem Alter gebraucht, die sich mit den gleichen Themen – wie zum Beispiel »Jungs« – beschäftigten. Wir besuchten immer wieder neue Gemeinden, konnten aber nirgends so richtig Fuß fassen.

Schleichend ging bei mir die Praxis eines christlichen Alltags irgendwie flöten. Ich las zwar die Bibel und betete, aber meine Taten stimmten nicht mehr so ganz mit dem überein, was ich eigentlich glaubte oder eben in Gottes Wort las. Ich schrieb während Schulaufgaben oder »Exen«[1] immer mehr von meinen Nachbarn ab, fing an die Schule zu schwänzen oder einfach nur bestimmte Fächer.

Wenn ich jetzt zurückblicke, stelle ich wieder fest, wie wichtig es ist, Mitstreiter zu haben, die dasselbe Ziel im Leben haben! Menschen, denen man seine Sünden bekennen kann. Menschen, die einen begleiten, Menschen, von denen man sich vor allem korrigieren lässt! Und das sind oft nicht unbedingt die Eltern oder Geschwister. Ich hatte zwar gute Freunde, mit denen ich über alles sprach, aber da sie die Bibel nicht als Richtlinie für ihr Leben nahmen, stand ich plötzlich doch alleine da. Ich verglich mich mit meinen Mitschülern und dachte: *So schlimme Dinge stell ich doch gar nicht an. Was die anderen für o. k. halten, ist doch viel schlimmer.* Eine Jugendgruppe wäre da bestimmt gut für mich gewesen.

Kennt ihr das, wenn man von einer Freizeit, wo man krasse Erlebnisse mit Gott hatte, in seinen Alltag zurückkommt und plötzlich alles so ist wie früher? Man ist nicht mehr auf diesem »geistlichen High« und hat mit den gleichen Herausforderungen zu kämpfen wie davor. So ging es mir ein paar Monate, nachdem mein Papa gestorben war. In der Zeit direkt nach seinem Tod hatte ich täglich in der Bibel gelesen und Gott war der Mittelpunkt meines Alltags.

Nach und nach kehrte der Alltag wieder ein, aber mir fehlte irgendwie die geistliche Nahrung. Ich war zwar immer noch Christ,

---

[1] Für alle Nichtbayern unter euch: »Ex« ist kurz für »Extemporale«. So heißen bei uns unangekündigte Tests, die wie eine mündliche Note zählen.

aber nicht mehr so Feuer und Flamme, sondern wurde immer la-
scher.

Meine Taten passten immer weniger zu meinem Glauben.

Meine Klassenkameradinnen und ich hatten ein Tagebuch, wo
wir abwechselnd hineinschrieben. Als ich dann an der Reihe war,
schrieb ich, dass ich Jungfrau bleiben wolle, bis ich heiratete. Ich
schrieb auch Bibelstellen ins Buch. Eine »Freundin« fand das Buch
dann mal unter unserer Tischbank und machte sich darüber lustig.
Einerseits war mir das schon sehr unangenehm, andererseits war
ich irgendwie stolz darauf, dass ich für meinen Glauben ausgelacht
wurde, da Jesus das ja sehr hochhält.

Ich war auch nie schüchtern, sondern konnte mich sehr gut weh-
ren oder einfach das ignorieren, was über mich gesagt wurde. Die
meisten, mit denen ich zu tun hatte, wussten sowieso, dass ich
gläubig war und die Bibel las.

Ein anderes Mal standen wir alle vorm Klassenzimmer und kamen irgendwie auf das Thema Evolution. Als ich erzählte, dass ich
an die Schöpfungsgeschichte von Adam und Eva glaube, wurde ich
zuerst mit riesigen Augen angestarrt und dann ausgelacht. Aber jeder, der so etwas erlebt, kann sich eigentlich freuen, da Jesus sagt:

Gott segnet euch, wenn ihr ver-
spottet und verfolgt werdet und
wenn Lügen über euch verbreitet
werden, weil ihr mir nachfolgt.
Freut euch darüber! Jubelt! Denn
im Himmel erwartet euch eine große
Belohnung. (matthäus 5,11-12)

Etwa um diese Zeit geschah in der Schule etwas mir völlig Unerklärliches.

Ich konnte schon immer gut lesen, daher meldete mich meine Deutschlehrerin bei einem Lesewettbewerb an. Als ich dafür vor der Klasse »probelesen« sollte, konnte ich plötzlich die Buchstaben nicht mehr richtig sehen. Sprechen ging auch nicht mehr. Ich stand vor der ganzen Klasse, stotterte vor mich hin und hatte keine Ahnung, was gerade passierte. Nach ein paar Minuten bat ich die Lehrerin, mich kurz rausgehen zu lassen. Als ich merkte, dass diese Symptome schlimmer wurden, ließ ich mich heimschicken. Dafür musste ich aber erst noch meine Mama anrufen: Hm, da stand ich vor dem Telefon im Sekretariat und wusste nicht mal mehr meine eigene Telefonnummer! Aus lauter Panik wählte ich trotzdem irgendeine und tat vor der Sekretärin so, als ob ich mit meiner Mama redete, obwohl ich gerade eine wildfremde Frau am Telefon hatte. Ich ging dann nach Hause, hatte schreckliche Kopfschmerzen und konnte außer schlafen nichts tun.

Wir ließen mich beim Arzt durchchecken und machten ein CT, bei dem mein Gehirn überprüft wurde. Ich hatte schon ein wenig Panik, dass ich irgendeine schlimme Krankheit haben könnte. Man fand aber nichts. Die Ärzte vermuteten, dass ich eine Migräne-Attacke gehabt hatte. So etwas kann sich in der Pubertät entwickeln. Leider war das nicht das letzte Mal und ich bekam immer wieder diese Migräne mit Aura, wie man das nennt.

Das erlebe ich auch heute noch, wenn ich sehr unter Stress stehe oder zu viel Zucker zu mir genommen habe.

Gott sei Dank hatte ich jetzt eine Erklärung für diesen peinlichen Vorfall in meiner Klasse und ich wurde dafür nicht ausgelacht. Trotzdem war ich sehr enttäuscht, dass ich am Wettbewerb nicht teilnehmen konnte.

Insgesamt war das ein ziemlich krasses Jahr für mich und gehört zu einem meiner »Meilensteine«.

Nach wie vor vermisse ich meinen Papa und wünschte, Gott hätte ihn nicht von uns genommen. Gleichzeitig weiß ich aber, dass das Teil von Gottes Plan für mein Leben war. Das war der Beginn für mich, zu lernen Gott in seinem Wort zu »suchen«, ihn durch das Lesen kennenzulernen und ganz praktisch in meinem Alltag zu erleben.

»Not afraid« war einer der ersten Songs, die ich für mein Soloalbum nutzen wollte. In meinem Kopf sehe ich nach wie vor den Videoclip dazu, der am Friedhof bei der Beerdigung meines Papas beginnt und sich bis jetzt abspielt. Er zeigt, wie ich gezwungenermaßen lernen musste, Gott zu vertrauen und keine Angst vor seinen Plänen für mein Leben zu haben.

NOT AFRAID

And when my life is falling
apart and what is left
is nothing
I'll still have faith in you,
'cuz you carry me
You've never let me down
when so many
disappointments left traces
in my life

Not afraid, I am not afraid
Everything is in you,
in you, in you, in you!

KEINE ANGST

Und wenn mein Leben
auseinanderfällt und nichts mehr
übrig bleibt
Werde ich immer noch an dich
glauben, denn du trägst mich
Du hast mich noch nie enttäuscht,
als so viele Enttäuschungen Spuren
in meinem Leben hinterlassen
haben

Keine Angst, ich hab keine Angst
Denn alles ist in dir, in dir, in dir!

4. ICH WILL EINEN FREUND!

Ich weiß noch: Schon in der ersten Klasse war ich in einen Jungen verliebt, einen Italiener mit einem richtigen Sixpack! Das erzählte ich damals auch meiner Mama. Ich glaube sogar, es gab in jedem Schuljahr einen neuen Jungen, der mein Schwarm war. Natürlich nichts Ernstes, ich war ja erst sieben oder acht. Bei manchen Mädchen ist das als Kind noch gar kein Thema. Ich träumte hingegen schon immer von diesem unbekannten Prinzen, der mich in meinem wunderschönen weißen Kleid zu seiner Braut nehmen würde.

Meine Eltern brachten mir bei, dass man auf den »richtigen« Mann warten und nicht tausend verschiedene Beziehungen mit Männern haben soll, wie das häufig der Fall ist. Ich hatte also diese Vorstellung, dass es nur einen Mann für mich geben wird. Mit dem würde ich zusammenkommen und er würde dann mein Ehemann und Vater meiner Kinder werden. Es war mir auch klar, dass ich mich körperlich erst in der Ehe auf ihn einlassen würde, da uns die Bibel eindeutig sagt, dass Sexualität nur in die Ehe gehört:

Gott möchte, dass ihr heilig seid; deshalb sollt ihr nicht unzüchtig leben. Dann wird jeder von euch so leben, dass er Gott Ehre macht – nicht in zügelloser Begierde wie jene Menschen, die Gott nicht kennen. (1. Thessalonicher 4,3–5)

Wer aber dem Herrn gehört, ist ein Geist mit ihm. Deshalb haltet euch fern von aller Unzucht! Keine andere Sünde hat so große Auswirkungen auf den Körper wie diese, denn Unzucht ist eine Sünde gegen den eigenen Körper. Oder wisst ihr nicht, dass euer Leib ein Tempel des Heiligen Geistes in euch ist, der in euch lebt und euch von Gott geschenkt wurde? Ihr gehört nicht euch selbst, denn Gott hat einen hohen Preis für euch bezahlt. Deshalb ehrt Gott mit eurem Leib!

(1. Korinther 6,17-20)

Es gibt noch viele mehr, aber ich denke, schon diese Bibelstellen zeigen, wie ernst es Gott mit uns meint und dass er uns vor körperlichen und seelischen Verletzungen schützen möchte.

Leider kam ich schleichend an den Punkt, wo ich meine Vorsätze und diese liebevollen Ratschläge Gottes über Bord warf.

Mit ca. 13 Jahren ging es los, als ich einen Schlagzeuger aus einer anderen Gemeinde süß fand. Allerdings wurde nie etwas daraus – Gott sei Dank, denn er war ein klassischer »Aufreißer«, der immer mit mehreren Mädels gleichzeitig flirtete.

Meine Freundin und ich lernten mit 14 ein paar Jungs kennen, die Interesse an uns zeigten und ich, naiv wie ich war, ließ mich gleich darauf ein. Er war 18 und noch dazu kein Christ. Ich hatte jetzt also einen Freund, der vier Jahre älter war als ich! Ich erzählte meiner Mama erst gar nicht davon, da ich ja wusste, dass sie dagegen gewesen wäre. Somit fing ich langsam an, mich an das Lügen zu gewöhnen. Auch meine Freunde wurden mit hineingezogen. Sie logen für mich, wenn meine Mama bei ihnen anrief, um herauszufinden, wo ich war. Echt schrecklich und peinlich zugleich, wenn ich zurückdenke. Ich schäme mich so, dass ich wirklich dachte, dass dieser Typ es wert war, meine Mama anzulügen und komplett gegen Gottes Gebote zu handeln. Das Schlimmste war aber: Ich war noch nicht einmal verliebt in diesen Kerl! Ich nahm mir quasi den Erstbesten, einfach nur um zu wissen, wie es ist, einen Freund zu haben. Jegliche Listen oder Ansprüche, die ich eigentlich für einen geeigneten Freund hatte, ignorierte ich erfolgreich!

Eigentlich hatte ich ja genug Liebe von meinen Eltern bekommen, sodass ich mich manchmal frage, warum ich schon so früh einen Freund haben wollte. Vielleicht ist mit ein Grund, dass ich nach einer Vaterrolle suchte, nachdem ich meinen Papa schon recht früh verloren hatte. Das soll natürlich keine Ausrede sein, aber mittlerweile denke ich, dass das und der Einfluss von Filmen, Musik und den Medien im Allgemeinen eine große Rolle spielte. Meine Freundinnen hatten auch nicht alle einen Freund, sodass ich eigentlich überhaupt nicht unter »Gruppenzwang« stand. Es war einfach meine Neugier zu wissen, wie es ist einen Freund zu haben und mich ein Stück weit »erwachsener« zu fühlen.

Ich verschwendete eine sehr wichtige Entwicklungsphase in meinem Leben mit einem Typen, der für mich sowieso nur »vorübergehend« war. Keine Ahnung, was ich mir dabei dachte. Wahrscheinlich gar nichts.

Als meine Mama dann irgendwie, irgendwann herausfand, dass ich einen 18-jährigen Freund hatte, war mir klar, dass ich Schluss machen musste. Zuerst probierte sie Strafen aus. Sie nahm mein Handy weg, aber das störte oder beeindruckte mich gar nicht. Ich traf ihn weiter heimlich. Ich nahm meine Mama einfach nicht ernst und verlor den Respekt vor ihr. Wäre mein Papa noch dagewesen, hätte der mir eine ordentliche Rede gehalten und mir wahrscheinlich noch Hausarrest gegeben. Aber der strenge Papa war eben nicht da und ich rebellierte einfach weiter.

Echt schlimm eigentlich: Sogar in den Zehn Geboten sagt Gott, dass wir unseren Eltern gehorchen sollen! Das heißt, ich legte mich letzten Endes nicht mit meiner Mama, sondern mit Gott an – das kann ja nicht gut ausgehen. Und nach wie vor denke ich, dass man mit 14 noch ein Kind ist, egal wie reif man vielleicht aussieht oder wirkt. Auf manchen Fotos von damals sehe ich sogar älter aus, als ich jetzt bin!

Damals war ich wirklich überzeugt davon, zu wissen, was ich tat. Jetzt schäme ich mich einfach nur dafür, vor allem wenn ich hier alles hintereinander auliste. Aber zu dem Zeitpunkt sah ich nur die Gegenwart und keine Gefahren für die Zukunft. Schon gar nicht, was für Konsequenzen das für mein weiteres Leben haben könnte.

Irgendwann kam dann, Gott sei Dank, der Punkt, wo auch *ich* erkannte, dass das einfach alles keinen Sinn machte. Also trennte ich mich von meinem Freund. Irgendwie furchtbar, ich kann mich noch nicht mal mehr erinnern, wie ich das getan hab! Per SMS? Keine Ahnung, vielleicht ist das auch einfach wieder etwas, was ich verdrängt habe.

Ich träumte ja eigentlich immer davon, einen Christen als Mann zu haben und obwohl ich ja erst 14 war, dachte ich, dass ich dann eventuell jetzt schon meinen zukünftigen Mann treffen könnte. Das war mein naiver Traum: dass ich sehr jung schon meinen Traummann finden würde, wir lange befreundet wären, mit 20 heiraten und mit 23 dann Kinder kommen würden. Ich glaube, ich machte mir viel zu viel Druck, den Mann fürs Leben zu suchen, statt mich

auf das zu konzentrieren, was Gott mir gab: die Schule, die Musik und meine Freunde. Gott kennt ja unsere Sehnsüchte und auch den richtigen Zeitpunkt, wann wir zum Beispiel einen Mann an unserer Seite haben sollten oder nicht. Aber ungeduldig wie ich war, »holte« ich mir halt einfach das, was *ich* wollte.

Egal wie man's dreht: Mit meinem damaligen Freund zusammen zu sein war einfach eine reine Zeitverschwendung.

Ich würde mir wünschen, sagen zu können, dass ich etwas aus der Situation lernte und jetzt, nachdem ich mich von meinem Freund getrennt hatte, brav auf den richtigen Mann wartete, falls es den überhaupt geben sollte. Aber dem war leider nicht so. Die Spirale, auf der ich mich befand, ging langsam, aber sicher tief nach unten.

Ich hatte zwischen Beziehungen oft Phasen, in denen ich beschloss ganz vernünftig zu sein. Ich las das christliche Buch *Ungeküsst und doch kein Frosch* von Joshua Harris, doch gleichzeitig bewiesen meine Taten genau das Gegenteil von dem, was ich gelesen hatte, und oft war mir das auch total egal oder ich versuchte, vor Gott alles zu rechtfertigen.

Ich schwänzte immer öfter mit meinen Freunden die Schule, wurde immer fauler, log meine Mama in vielen Dingen an und hatte noch nicht einmal ein schlechtes Gewissen dabei.

Ich war so faul in der Schule! Wenn ich an meine Schulzeit auf dem Gymnasium zurückdenke, erinnere ich mich an viel Lachen und gute Gespräche mit meinen Freunden. Aber an Lernen? Eher weniger. Mathe fiel mir schon immer schwer, egal wie viel Nachhilfeunterricht ich auch nahm. Das Auswendiglernen half bei Mathe recht wenig. Dafür konnte ich immer gut Referate, Gedichte und Lieder vortragen. Ich musste zwar keine Klasse wiederholen, stand aber in den letzten zwei Schuljahren knapp davor. Meine Englischnote rettete mich immer davor, da die Noten in den Hauptfächern ja doppelt zählten. Meine Strategie war das Auswendiglernen kurz vor den »Exen«, offene Gespräche mit den Lehrern und mein Engagement in der Schulband. Ich denke, ich hatte einfach nur Glück, dass ich das Gymi bis zur zehnten Klasse geschafft habe. Mein Ziel war es ja immer, so schnell wie möglich die Schule hinter mich zu bringen und dann endlich »erwachsen« zu werden, meinen Führerschein zu machen und arbeiten zu gehen. Ich arbeitete ja quasi schon seit meinem achten Lebensjahr, sodass das für mich nichts Neues sein würde.

Mit 16 wollte ich deshalb unbedingt neben der Schule im Verkauf arbeiten gehen. Ich bewarb mich also bei einem Jeansladen und fing an, an zwei Tagen nach der Schule für vier Stunden zu arbeiten. Mir war das allerdings viel zu langweilig, da nur wenige Kunden kamen, aber ich machte trotzdem weiter damit. Nach kurzer Zeit kam ein neuer Arbeitskollege ins Team und auch er wollte mich näher kennenlernen. Nach ein paar Gesprächen während der Arbeit stellten wir fest, dass wir beide Christen waren. Allerdings war er erst kurz zuvor zum Glauben gekommen. Er war Kubaner, 18 Jahre alt und hatte schon einige Beziehungen hinter sich, die alles andere als solche waren, wie Gott sie sich vorstellt. Schwuppdiwupp und Debby hatte wieder einen neuen Freund, der auch wieder nicht ihren ursprünglichen Vorstellungen entsprach.

Durch ihn lernte ich endlich eine neue Gemeinde kennen: eine Latino-Gemeinde. Ich lernte lauter junge Christen kennen, doch wenn die meiste Zeit eine Fremdsprache, in diesem Fall Spanisch, gesprochen wird, bringt das recht wenig für ein geistliches Wachstum.

Durch meine neuen Freunde dort lernte ich jedoch nach und nach Spanisch zu sprechen und Salsa zu tanzen, was mir bis heute total viel Spaß macht.

Meine Familie lernte meinen neuen Freund zwar kennen und besuchte mit mir diese neue Gemeinde, die nachmittags auch einen englischsprachigen Gottesdienst hatte, aber begeistert waren sie von der Situation nicht. Zumal ich einfach noch zu jung war, aus ihrer Sicht. Ich sage bewusst »sie«, da meine Mama auch den

Rat meiner älteren Schwestern miteinbezog. Ich hörte mir zwar die Lektionen meiner Mama an, aber interessiert hat's mich recht wenig. Ich machte immer noch das, was *ich* wollte, auch wenn ich irgendwo schon spürte, dass das nicht richtig war.

Ich redete mir ein, dass wir ja so gut zusammenpassten und er genau mein Traummann sei, obwohl ich innerlich genau spürte, dass er irgendwie nicht in das Bild passte, das ich mir ausgemalt hatte. Dadurch verbog ich mich auch total: Ich passte mich meinen neuen Freunden an, auch wenn das gar nicht wirklich ich war. Ich lernte Spanisch, versuchte, mich wie eine Latina zu kleiden und zu verhalten und kaufte mir lauter Latino-CDs, um mitreden zu können. Gedanklich stellte ich mir schon vor, wie ich meinen Freund heiraten, womöglich noch nach Südamerika ziehen und wie mein Leben danach aussehen würde. Aber letztendlich war das gar nicht das, was ich wirklich wollte. Vielleicht passte dieser Lebensstil auch zu meiner generellen Ungeduld. Ich will und wollte einfach alles so schnell wie möglich abgehakt haben.

Ich glaube, ich wusste in dem Alter auch noch gar nicht, wer ich bin und was gut für mich ist. Aber ich wollte auch nicht glauben, dass meine Familie das wusste. Ich ignorierte einfach weiterhin alle Hinweise, die mir Gott gab, bis ich einen ganz klaren Traum hatte, in dem Gott klipp und klar zu mir sprach. In dem Traum schrieb Gott (auf Englisch, da ich oft auf Englisch träume) auf eine Tafel: »Ich habe nie gesagt, dass du ihn heiraten sollst.«

Das klingt jetzt vielleicht komisch, aber im Traum war es *sehr* eindeutig, dass es Gott war, der mir das sagte. Gott verlangte von mir, mich von meinem Freund zu trennen. Und eins habe ich gelernt: Wenn Gott zu dir spricht, dann erkennst du das ganz eindeutig und man sollte ihm auf jeden Fall gehorchen. Erinnert euch nur mal kurz an die Geschichte von Jona und was ihm passierte, als er nicht auf Gott hörte. Natürlich wollte Gott mit Sicherheit auch, dass ich auf meine Mama hörte und ihr gehorchte, zumal ich noch nicht volljährig war. Aber als alles nichts half, griff er ganz persönlich ein.

Schon als Kind hatte ich oft ganz klare Träume, in denen Gott mir Dinge zeigte oder Antworten gab. Das waren dann immer ganz andere Träume, als die, die ich sonst hatte.

Das Traurige ist, dass ich eigentlich total verwirrt war. Ich vermischte ständig irgendwelche Bibelstellen mit weltlichen Ansichten und redete mir ein, dass Gott ja wollte, dass mein Freund und ich zusammen sind. Ich sagte mir das einfach, damit ich ein besseres Gefühl und Gewissen hatte. Nachdem mir aber Gott deutlich klarmachte, dass das nicht seinem Willen für mein Leben entsprach, machte ich Schluss. Es war nicht so einfach, und innerlich hing ich noch an ihm, aber nun war wenigstens mein Gewissen rein und ich wusste, dass ich jetzt nicht mehr auf dem falschen Weg war. Na ja, zumindest was meine Beziehung zu meinem Ex-freund anging.

Ich trennte mich also von ihm, verließ die Gemeinde, da ich ja sowieso kaum was verstand und hatte mit der ganzen Clique nur noch wenig Kontakt.

Während dieser ganzen Trennungsphase besuchte ich eine neue Gemeinde. Über eine Gesangsschülerin von Naomi bekam ich eine Einladung in den Jugendkreis der FeG (Freie evangelische Gemeinde) in München. Die Einladung kam also genau zum richtigen Zeitpunkt.

Ich besuchte den Abendgottesdienst, der gezielt auf das jüngere Publikum ausgerichtet war, und schließlich auch den Jugendhauskreis.

Ich fühlte mich schnell wohl, hatte gleich gute Gespräche und lernte auch wieder neue Freunde kennen. Nachdem ich erwähnt hatte, dass ich so gerne singe, durfte ich auch in der Lobpreisband mitmachen und fasste so schnell Fuß in der Gemeinde.

Ich wünschte, ich könnte jetzt schreiben, wie ich mein Leben in die »richtige Bahn« brachte, mich endlich auf die Schule, meine Hobbys und auf Gott, statt auf einen Freund, konzentrierte und mich bei meiner Mama für alle Schwierigkeiten entschuldigte, aber das ist leider nicht meine Story.

Ich lernte den nächsten »Kandidaten« kennen und verliebte mich wieder viel zu schnell. Diesmal wollte ich eigentlich die Sache langsam angehen und versuchen auf Gott zu hören. Aber das tat ich schon nicht, als ich mich für eine Beziehung mit ihm entschied, denn meine Mama riet mir stark davon ab. Sie sah, wie ich schon wieder überstürzt von einer Beziehung in die nächste rutschte.

Da ich mittlerweile selbst Mama bin, kann ich jetzt viel besser nachvollziehen, wie das für sie gewesen sein muss. Man sieht einfach hilflos zu und kann nichts tun, wenn das eigene Kind sich in Gefahren begibt, die es nicht einmal als solche wahrnimmt. Meine Mädels sind zwar noch viel zu jung, um auf Dates zu gehen, aber es gibt andere Dinge, wo ich das schon ansatzweise erlebe. Zum Beispiel wenn mein Kind über die Straße laufen will, ohne zu schauen, ob ein Auto kommt oder mir schlicht und ergreifend nicht glauben will, dass es vorher überhaupt schauen muss.

Ich war überzeugt davon, dass ich diesmal den Mann fürs Leben gefunden hatte und passte mich auch diesmal wieder an meinen neuen Freund an. Verrückt, oder? Warum konnte ich mich nicht einfach mal entspannen und mich erst einmal über eine neue Gemeinde freuen und schauen, wie Gott mich dort gebrauchen wollte?

Dinge, die mir eigentlich wichtig waren, waren es plötzlich nicht mehr. Da ich jetzt schon zwei Beziehungen hinter mir hatte, wusste ich auch gar nicht mehr, was mir überhaupt an einem Mann wichtig war und was ich mir wünschte. Wie denn auch, wenn man von einer Beziehung direkt in die nächste wandert? Wie ein Chamäleon änderte ich wieder meinen Kleidungsstil, meinen Musikgeschmack und passte mich meinem neuen Freund und seinen Interessen an.

Es ist so wichtig, dass man gute Vorbilder um sich herum hat, die offen über Themen wie Sexualität sprechen und was Gott denn darüber denkt, damit man gemeinsam kämpfen kann. Aber leider hatte ich das nicht und ich kann mich auch nicht erinnern, dass in der Jugend darüber gesprochen wurde, zumindest nicht, als ich da war. Das heißt, ich konnte quasi tun und lassen, was ich wollte, ohne dass es jemand mitbekam und mich zurechtwies. Ich hatte lediglich mein Gewissen, mit dem ich ständig im Konflikt war. In vielen Gemeinden ist das genauso und keiner spricht es an – oder noch schlimmer: Sex vor der Ehe wird mittlerweile toleriert und als »normal« angesehen.

Obwohl die Beziehung eigentlich von außen betrachtet ganz gut aussah, gab es immer wieder Dinge, die mich eigentlich störten, Dinge, die wirklich entscheidend sind, wenn man anfängt über eine gemeinsame Zukunft zu reden. Aber ich ignorierte das einfach und war der Meinung, dass das gar nicht so wichtig war und ich mit Sicherheit in der Zukunft keine Probleme damit haben würde. Das war mal wieder eine sehr naive Einstellung. Vor allem, wenn ich jetzt, wo ich verheiratet bin, weiß, wie wichtig es ist, dass es so wenig Dinge wie möglich geben sollte, worüber man sich beim Partner aufregt. Es gibt in einer Ehe genug Herausforderungen, wenn Mann und Frau in so einer engen Gemeinschaft leben.

Es klingt vielleicht total übertrieben, da ich ja erst 17 war, aber mein Freund und ich redeten beide oft von einer gemeinsamen Zukunft. Ich war seine erste richtige Freundin und wir meinten es beide eigentlich sehr ernst miteinander.

Immer wieder versuchte meine Mama mit mir zu reden, um herauszufinden, wie unsere Beziehung sich entwickelte. Doch für sie war es von Anfang an recht klar, dass ich einen großen Fehler begehen würde. Aber mehr dazu im übernächsten Kapitel ...

WOMEN OF GOD

It is worth the wait, keep the faith
Until that ring is on your finger
You can wait, keep the faith
It's just not worth it, getting hurt

Am I a woman of God?
Are we women of God?

I've experienced it myself
Wish I had kept my heart on the shelf
For that perfect guy in my life
Now I carry scars with me as his wife
It's not too late, it's not too late
Forgiveness I can receive
It's time to change and believe.

FRAUEN GOTTES

Es lohnt sich zu warten, halte durch
Bis du einen Ring am Finger trägst
Du kannst warten, halte durch
Es lohnt sich nicht, deshalb verletzt zu werden

Bin ich eine Frau Gottes?
Sind wir Frauen Gottes?

Ich habe es selber erlebt
Und wünschte, ich hätte mein Herz
Für den perfekten Mann in meinem Leben aufbewahrt
Jetzt, als seine Frau, trage ich Narben
Es ist nicht zu spät, es ist nicht zu spät
Ich kann Vergebung bekommen
Es ist Zeit sich zu ändern und zu glauben.

SISTAS!

5. DIE VAN DOOREN SISTERS

Musikalisch hatte ich wieder neue Ideen: Ich wollte lernen, wie man seine Lieder selber produzieren und auf eine CD packen kann.

Meine Mama beschloss, mir einen Synthesizer, ein Mikro und eine Studiosoftware zu schenken, die es mir ermöglichte, meine Lieder selber aufzunehmen. Ich besuchte einen Kurs zu der Software – als einziges Mädchen unter lauter älteren Männern. Keine Ahnung, was sie sich dachten, als sie mich »jungen Hüpfer« im Kurs sahen, aber mir war das ziemlich egal.

Fast jeden Tag nach der Schule legte ich los, meine Songs mit Beats, Akkorden, Streichern und anderen Sounds zu unterlegen und dann meinen Gesang dazu aufzunehmen.

Dadurch lernte ich neue Gesangsharmonien und Arrangements für die Singstimmen kennen und bald schon kristallisierte sich mein eigener Stil heraus. Ich spielte meinen Schwestern immer die neuen Werke vor und konnte einfach nicht genug davon kriegen, neue Dinge auszuprobieren. Neue Songs sprudelten nur so aus mir heraus.

Irgendwann stellte ich fest, dass ich nie gelernt hatte, nach Akkorden Klavier zu spielen, was natürlich alles ein wenig erschwerte. Einem Pianisten, der Naomi kannte, gefielen meine Songs so gut, dass er bereit war, mir ein paar Stunden Harmonielehre am Klavier zu geben. Jetzt konnte ich mich also endlich selbst am Klavier begleiten und wusste, wie ich meine Songs zu Papier bringen konnte. Auch Lobpreislieder konnte ich so endlich spielen, da man die ja meistens nach Akkorden und nicht nach Noten spielt.

Naomi nahm meine Schwestern und mich immer häufiger mit zu ihren Auftritten, wo wir sie gesanglich unterstützten. Nachdem wir einige gemeinsame Konzerte gegeben hatten, stellten wir fest, wie viele Zuschauer einfach von der Tatsache berührt waren, dass wir alle auch wirklich Schwestern waren und uns verstanden. Das war bei vielen Gesprächen gleich ein guter Einstieg, das zum Thema »Glauben« führte und wie es denn überhaupt möglich war, einander zu lieben und zu vergeben.

2001, bei einem »family meeting«, diesmal jedoch ohne Papa, hatten wir Schwestern und meine Mama alle das Gleiche auf dem Herzen: Wir wollten offiziell als die »Van Dooren Sisters« eine Band gründen.

Unser Wunsch war es, Menschen mit unseren Liedern zu erreichen, die vielleicht noch nie von Jesus und der tollsten Botschaft der Welt gehört hatten. Die meisten unserer Songs, die wir jetzt oft zusammen schrieben, waren von Bibelstellen oder Erlebnissen mit Gott inspiriert.

Wir überlegten uns das alle sehr genau und fragten Gott, ob das denn auch seinem Willen entsprach. Als wir merkten, dass wir grünes Licht hatten, fingen wir an, unsere selbst geschriebenen Lieder in unserem Home-Studio aufzunehmen. Wenn ich von einem »grünen Licht« spreche, meine ich, dass Gott uns durch Bibelstellen seine Bestätigung gab und uns damit sagte, was *er* denn wollte oder dachte. Über die Jahre habe ich außerdem gelernt, dass er mir oft einen unbeschreiblichen Frieden gibt, wenn Entscheidungen seinem Willen entsprechen, auch wenn menschlich gesehen Dinge manchmal keinen Sinn ergeben. Natürlich zeigt er uns nichts, was seinem Wort, der Bibel, widersprechen würde. In unseren regelmäßigen Bandmeetings zeigte uns Gott oft durch Bibelstellen, was wir tun oder eben *nicht* tun sollten. Wenn wir Gott nicht bei unseren

Entscheidungen miteinbezogen, kam es tatsächlich oft vor, dass Dinge schief liefen, wir uns plötzlich heftig stritten oder alle unterschiedlicher Meinung waren. Dann merkte meistens eine von uns, dass wir noch nicht einmal gemeinsam gebetet hatten, um Gott zu fragen, was *er* denn wollte und was *ihm* wichtig war.

Meine Mama, die sich bereit erklärte, unsere Managerin zu sein, organisierte verschiedene Konzerte für uns, wo wir mit unseren eigenen, selbst aufgenommenen Playbacks auftraten und hin und wieder Musiker hatten, die uns bei den Konzerten unterstützten. Ich kann zwar Klavier spielen, aber eher amateurhaft, und ich werde immer so nervös dabei, dass ich mich einfach viel zu oft verspiele und mich nicht auf den Gesang und das Publikum konzentrieren kann, daher spielte ich immer nur, wenn's wirklich nötig war.

Wir lernten Musikproduzenten kennen, die der Meinung waren, dass wir »ganz groß rauskommen« würden. Also nahmen wir Demos von unseren Songs auf und versuchten, damit einen Plattenvertrag zu bekommen.

Tatsächlich wollte eine Plattenfirma mit uns arbeiten und wir wurden unter Vertrag genommen. Aber es gab ständig Probleme zwischen der Plattenfirma und uns, da sie viele Dinge anders sahen als wir, im Positiven wie im Negativen. Unser Styling war oft ein Thema. Als es um den Videoclip zu unserer Single ging, stellten sie sich uns als Amazonen in Bikinis vor, die wie bei einem James-Bond-Film lasziv aus dem Wasser steigen sollten. Haha! Als ob wir so etwas je gemacht hätten! Wir hatten dann doch eine etwas andere, in den Augen der Plattenfirma biedere Vorstellung von dem ganzen Konzept.

Eine der Ideen der Plattenfirma sah vor, dass ich mich als Schauspielerin in eine Teen-Soap einbringen sollte. Das taten zu dem Zeitpunkt viele Sänger, um gleich eine Fernsehpräsenz zu haben.

Ich ging also zum Casting von »Bravo TV«, einer deutschen Soap mit einem integrierten Magazin für Teenies, und bekam die Rolle der »Tina«, einer Nebendarstellerin. Einerseits hat es Spaß gemacht, wieder schauspielern zu dürfen, andererseits war die Schauspielerwelt samt den ganzen Gespräche hinter den Kulissen einfach nicht mein Ding. Ständig machten die Schauspieler ihre »Raucherpausen«, unterhielten sich über die letzte Nacht in der Disko, mit wem sie gerade eine Affäre hatten oder lästerten über ihre Kollegen. Das ist vielleicht nicht überall so, aber alle, mit denen ich im TV-Bereich zu tun hatte, waren genauso. Ich war dabei immer das stille Mäuschen und hab mich einfach nur unwohl gefühlt. Derjenige, der für die Maske zuständig war, war schwul und fand es total verrückt, dass ich mich nicht vor ihm umziehen wollte. Und er fand es toll über meine Oberweite zu sprechen! Ich hab »diese Welt« eine Zeit lang ausgehalten, doch irgendwann ging die Rolle einfach an meine persönlichen Grenzen: Ich hatte zwar von Anfang an gesagt, dass ich niemanden in der Show küssen wollte, aber irgendwann entwickelte sich die Rolle so, dass es genau in diese Richtung ging, bei der ich mich nicht wohlfühlte. Daher hörte ich nach einigen Monaten auf.

Ich glaube, ich hab mir seitdem nur einmal die Aufnahmen der Serie angesehen. Es ist mir einfach megapeinlich, mir beim schauspielern zuzusehen!

Bei den Van Dooren Sisters stand nun die Veröffentlichung der Single »This Day« bevor. Ich hatte mich so gefreut und mir schon ausgemalt, wie jetzt mein Leben als erfolgreiche Sängerin aussehen würde. In Gedanken sah ich schon die Welttournee vor mir! Doch kurz bevor es zu dieser ersten Singleauskoppelung kam, wurden wir von der Plattenfirma »gedroppt« – sprich: sie wollten nicht mehr mit uns zusammenarbeiten.

Ich war total enttäuscht, weil ich wirklich der Meinung war, dass es jetzt endlich zu unserem Durchbruch kommen würde. Ich stellte mir schon vor, wie wir bei *The Dome* oder bei Stefan Raab auftreten würden, aber auch hier musste ich akzeptieren, dass Gott wohl etwas anderes vorhatte.

Wir beschlossen, die Songs, die jetzt offiziell uns gehörten, trotzdem auf eine CD pressen zu lassen und verkauften sie auf unseren Konzerten.

Irgendwann schickte meine Mama unsere CD an eine christliche Plattenfirma. Sie luden uns zu einem Gespräch ein, da sie an einer Zusammenarbeit mit uns interessiert waren.

Bis dahin hatte ich mich ehrlich gesagt wenig mit der christlichen Szene, den ganzen Festivals, Zeitschriften etc. beschäftigt, da ich ja am liebsten R&B und Popmusik hörte – Stilrichtungen, die ich bis heute noch nicht auf dem christlichen Musikmarkt gefunden habe.

Das war eine neue Welt für mich. Bisher hatte ich ja nur mit Produzenten gearbeitet, die keine Christen waren und keinen blassen Schimmer von unseren Liedtexten hatten. Diesmal war es allerdings ganz anders, da wir alle im gleichen Boot saßen.

Wir gingen nach dem Meeting nach Hause und wieder wurde darüber gebetet und Gott gefragt, ob wir es nochmals, diesmal jedoch mit einer *christlichen* Plattenfirma, wagen sollten. Nachdem wir gemeinsam die Entscheidung getroffen hatten, es erneut zu probieren, wurde ich mit einem christlichen Produzenten bekannt gemacht, mit dem ich an unserem Album *Share Eternity* arbeiten durfte, das 2006 veröffentlich wurde.

Zu Hause in unserem Hobbyraum nahm ich unseren Gesang auf, spielte die Beats und anderen Sounds zu den Songs ein und schickte dann die ganzen Daten an den Produzenten weiter. Es war mir eine große Ehre, dass wir die ganzen Lieder selbst schreiben durften und ich sogar die Musik dazu vorproduzieren durfte. Da ich ja kein Profi-Produzent bin, hatte der Arme eine Menge an Nacharbeit zu tun! Einmal stellten wir sogar fest, dass ich den Gesang bei einem Song mit einer falschen Mikroeinstellung aufgenommen hatte: Das Mikro hatte einfach verkehrt herum gestanden!

Wir durften auf vielen christlichen Festivals wie dem Himmelfahrtsfestival, dem Spring Festival, der Promikon, dem Christival und in sehr vielen tollen Gemeinden in Deutschland und einmal sogar in London auftreten. Meine Schwester Esther lebt dort mit ihrem Mann und konnte so alles in ihrer Gemeinde organisieren. Das war eines der coolsten Konzerte, die wir geben durften. Das Publikum war nicht auf den Stühlen zu halten! Hinten im Saal tanzten sogar einige.

Das war für mich der Anfang, die christliche Musikerwelt zu beschnuppern. Wir lernten viele andere nette Musiker, wie Danny

Wie immer: Kurz vor einem TV-Auftritt schaffen wir es zu proben - hier in London in Esthers Wohnung.

Die Van Dooren Sisters beim christival

Backstage beim christival mit Johannes Falk

Fresh, Laura Bellon, Sarah Kaiser und Johannes Falk, kennen. Dadurch bekam ich dann auch die Möglichkeit, bei weiteren christlichen Produktionen mitzuwirken.

Eines der coolsten Projekte war das Swing Festival. Dazu wurde auch eine CD mit Remixes von Lobpreisliedern im Big-Band-Stil produziert, auf der wir ein paar Solos hatten und auch andere Künstler als Backgroundsängerinnen unterstützen durften. Eine total coole Erfahrung! Wir nähten unsere eigenen Kostüme und übten natürlich wieder neue Choreografien für die ganzen Songs ein – alles in allem ein Riesenspaß! Dadurch lernte ich übrigens auch einen neuen christlichen Produzenten, Samuel Jersak, kennen, mit dem ich später an meinem eigenen Projekt arbeitete, aber dazu später mehr.

Mein neuer Wunsch wurde immer größer: junge christliche Mädels in Deutschland im Glauben zu ermutigen. Ich habe so viele coole Mädels auf unseren Konzerten kennengelernt, die mich immer mehr inspirierten, mit der Musik und den christlichen und hoffentlich ermutigenden Texten weiterzumachen. Dabei stellten wir als Band aber wieder einmal fest, dass es hier in Deutschland so gut wie keine christliche R&B- und Popmusik gibt. Meistens handelt es sich entweder um Worship, Singer-Songwriter-Musik oder Pop/Rock. Für uns war es natürlich umso schwieriger, bei den Konzerten »mitzuhalten«, da wir uns vom Stil her doch sehr von den anderen abhoben und eben nicht mit einer Band auftraten, sondern unsere Playbacks auf CD dabeihatten. Bei vielen Sängern im säkularen Bereich ist das auch nichts Untypisches, aber wir wurden dafür oft eher schief angeguckt.

Das alles war für mich eine ganz neue, erfrischende Erfahrung und ich genoss die Zeit mit meiner Familie auf Tour sehr, auch wenn es regelmäßig Krach gab. Aber das gehört einfach dazu. Als Familie kennt man sich viel zu gut und weiß deshalb genau, wie man den anderen provozieren kann. Noch dazu handelt es sich bei uns ja um sechs Frauen, wenn man meine Mama mitzählt – also

lauter emotionale Weiber auf einem Haufen!

Wir mussten ständig lernen, einander zu vergeben und uns
auch für Dinge zu entschuldigen,
die wir vielleicht gar nicht als
Fehler wahrnahmen. Natür-
lich gab's auch Dinge, die uns
schlicht und ergreifend anein-
ander nervten. Aber trotz aller
Auseinandersetzungen hatten

Unterwegs zu einem Konzert mit
meinen Schwestern. Im Auto wurde
immer >>gesnackt<< und viel gelacht.

wir eine Menge Spaß zusammen und
haben sehr viel gelacht. Das war oft die Rettung, um aus schlechter Stimmung herauszukommen. Das und die ganzen Snacks zwischendurch – die waren natürlich ein Muss.

Nachdem wir also ein eigenes Album veröffentlicht hatten und
damit Konzerte gaben, kam irgendwann auch der Punkt, wo wir
überlegen mussten, was der nächste Schritt sein sollte. Insgesamt
traten wir jetzt bereits seit sieben Jahren als Band auf und so

langsam brauchten wir etwas Neues.
Es war auch nicht ganz einfach, als
»Van Dooren Sisters« zu proben und
ständig aufzutreten. Etliche von uns
hatten unter der Woche Vollzeitjobs und
traten an den Wochenenden dann als
»Van Dooren Sisters« auf. Dazu kam,
dass Esther in England wohnt. Manchmal probten wir am Telefon oder
schickten ihr Videos mit den neuen
Choreografien zu, die sie dann bis
zum nächsten Treffen lernen sollte.

Unsere Snacks für die
>>After-Show-Party<< in London.

Das ganze Pendeln zwischen den zwei Jobs war irgendwann für uns alle einfach zu anstrengend und wir brauchten eine Pause. Einige von uns hatten ja auch noch ihre Ehemänner und Kinder. Es war nicht leicht, aber wir entschieden uns, 2008 mit der Band aufzuhören. Wir wollten offen lassen, ob wir irgendwann wieder zusammen auftreten würden oder nicht. Naomi und Miriam zogen dann auch noch in andere Städte.

Ich kann hier nur für mich sprechen, aber für mich war das genau der richtige Zeitpunkt als Band aufzuhören. Am Schluss wurde es einfach anstrengend. Für mich war zu diesem Zeitpunkt einfach die Luft raus, obwohl ich meine Familie liebe und die Zeit als Band sehr genoss. Man soll ja aufhören, wenn's am schönsten ist, und genau so fühlte es sich für mich an.

Neben der Musik und der Schule arbeitete ich immer noch bei dem Jeansladen. Aber so langsam fand ich einfach keinen Spaß mehr an der Arbeit. So wechselte ich zu H&M, wo meine Schwester Miriam auch gerade als Verkäuferin angefangen hatte. Wir gingen dort immer gerne shoppen, daher wusste ich schon, dass mir die Mode dort gefiel.

In dieser Zeit ging schon mal ein großer Wunsch von mir in Erfüllung: Ich hatte die 10. Klasse geschafft und musste nicht mehr zur Schule gehen! Als ich mit dem Abschlusszeugnis in der Hand nach Hause kam, begrüßte meine Familie mich mit einem »Glückwunsch«-Poster an unserer Garage. Ihr könnt euch gar nicht vorstellen, wie befreit ich mich fühlte, endlich fertig mit der Schule zu sein.

Noch am selben Tag schob ich meinen Schreibtisch aus meinem Zimmer in den Flur und entsorgte alle meine Schulsachen oder verstaute sie zumindest irgendwo weit weg.

Nachdem ich mit 16 dann endlich meine Schulzeit am Gymnasium beendet hatte, fing ich als feste flexible Arbeitskraft bei H&M an. Schon als Kind habe ich meine Schwester erfolgreich dazu überredet, mir Geld dafür zu geben, dass ich ihren Saustall im Zimmer für sie aufräumte – das war für beide Parteien ein guter Deal. Daher war das genau mein Ding: In kürzester Zeit einen riesigen Berg an coolen Klamotten an seinen Platz auf der Verkaufsfläche aufräumen, zwischendurch den Anprobendienst übernehmen und schnell noch eine zweite Kasse für Kunden öffnen.

Dieser ganze Stress, den man ja von H&M kennt, hat mir einfach total viel Spaß gemacht – das war genau das Gegenteil von dem Jeansladen, wo ich mich so gelangweilt hatte. Noch dazu bekommt man die Klamotten 25% günstiger – oh, oh, eine riesige Versuchung für Debby, nicht den halben Laden leer zu kaufen!

Meine Chefin war sehr zufrieden mit mir und wollte, dass ich von einer Stundenlöhnerin auf flexibler Basis zur Vollzeit-Mitarbeiterin wurde. Es war mir natürlich eine Ehre, dass sie mir das zutraute, aber da ich ja immer noch nebenbei als Sängerin und Sprecherin arbeiten wollte, lehnte ich ab. So konnte ich meine Arbeitszeiten immer flexibel einteilen, um Zeit für andere Projekte neben H&M zu haben.

Ich bekam dann zum Beispiel eine Rolle in der TV-Serie *Marienhof*, wo ich das brasilianische Patenkind »Katharina« von Friedrich Dettmer spielen durfte. Dafür durfte ich mir einen »brasilianischen« Akzent zulegen und lernen, wie man Samba tanzt. Das war vielleicht lustig! Parallel dazu konnte ich mit meinen Schwestern in verschiedenen Städten Konzerte geben.

Bald stieg Miriam bei H&M zur Abteilungsleiterin auf und wurde damit zu meiner Chefin. Das war echt cool! Wir konnten schon immer gut zusammenarbeiten und jetzt hatten wir auch noch ein weiteres gemeinsames Thema: Mode. Wir legten uns oft unabhängig voneinander die gleichen Kleider zurück, daher beschlossen wir dann irgendwann einfach, unsere Kleiderschränke zu Hause zu teilen. Das ist ein eindeutiger Vorteil, wenn man Schwestern hat. Bis heute shoppe ich mit niemandem lieber als mit Miriam. Blöd ist nur, dass sie jetzt so weit weg wohnt.

Ein Freund aus unserer Gemeinde, der bei dem Gospelchor *Nu Company* mitsingt, fragte mich, ob ich für ihre neue Platte ein paar Songs von mir anbieten wolle. Das war das erste Mal, dass ich für jemand anderen Songwriter sein durfte. Kurz darauf durfte ich für einen Tag auch als Vocal Coach mit ihnen arbeiten. Das war für mich natürlich eine riesige Ehre und gleichzeitig fühlte ich mich wieder wie ein kleines Mädchen unter vielen Erwachsenen.

Markus Witzgall, der 2011 selber eine CD veröffentlicht hat, fragte mich, ob ich ihn bei seinen Konzerten gesanglich unterstützen wolle. Dadurch lernte ich auch wieder neue Musiker kennen und hatte großen Spaß, als Sängerin musikalisch zu wachsen.

Naomi und ich bekamen auch immer wieder Gelegenheiten zu zweit bei Hochzeiten, Weihnachtsfeiern oder auch als Backgroundsängerinnen für eine Worship-Band zu singen.

Auch als Synchron- und Voice-Over-Sprecherin (Englisch und Deutsch) bekam ich einige Jobs, bei denen ich mich stimmlich weiterbilden und mir viel von anderen Kollegen abschauen oder vielmehr abhören konnte.

Das alles waren Projekte, die ich neben der normalen Arbeit machen durfte. Hin und wieder nahm ich auch Gesangsunterricht bei Naomi, die mir mit meinen »Problemzonen« gut weiterhelfen konnte! Neulich habe ich ein altes Familienvideo angeschaut, auf dem zu sehen war, wie ich auf ihrem Schoß sitze und sie mich quasi schon stimmlich unterrichtet. Auf dem Video bin ich vielleicht vier!

Obwohl wir nicht mehr offiziell als die »Van Dooren Sisters« unterwegs waren, gaben wir ab und zu noch zu dritt oder viert Konzerte.

Ein ganz einschneidendes Erlebnis war ein Konzert in der Klinik Hohe Mark – einer Psychiatrie bei Frankfurt. Wir sangen einige unserer Lieder und auch ein deutsches, das ich gerade erst geschrieben hatte: »Wertvoll«. In dem Lied geht es um unser Selbstwert-

gefühl und was Gott denn überhaupt über uns denkt: »Du bist wertvoll gemacht, einzigartig erdacht, du bist wertvoll, vergiss nicht. Gott setzt sich ein und kämpft um dich!«

Nach dem Konzert kam ein Mädchen auf mich zu und erzählte mir, dass sie jetzt endlich verstand und glaubte, dass sie für Jesus wirklich wertvoll ist. In dem Moment kamen mir fast die Tränen. Ich hatte das Lied einmal abends in meiner Wohnung am Klavier geschrieben und hatte ja keine Ahnung, ob überhaupt irgendwer es zu hören bekommen würde. Dadurch zeigte mir Gott, dass er mich gebrauchen wollte, selbst wenn es »nur« für dieses eine Mädchen war.

Bis heute bleibt dieses Konzert eins meiner Lieblingskonzerte, da ich den Sinn des Auftritts *sehen* konnte und wusste, dass Gott mir dieses Lied aus einem ganz bestimmten Grund geschenkt hatte.

Einige spannende Fragen blieben aber offen: Wie sollte es jetzt musikalisch bei mir weitergehen? Sollte ich es wieder als Solokünstlerin versuchen? Wenn ja, wie und wo?

Ich hatte so viele eigene Songs während der Van-Dooren-Sisters-Zeit geschrieben, die noch gar nicht genutzt worden waren. Was sollte aus denen werden?

Aber Gott hatte auch diesen Bereich meines Lebens voll im Griff, selbst wenn *ich* – wie immer – keinen Plan hatte.

Wie ihr schon gelesen habt, verlief mein Leben während der Van-Dooren-Sisters-Zeit nicht ganz so glatt und vorbildlich, wie man sich das vorstellen oder wünschen würde. Ich hatte von 14 bis 17 quasi eine Beziehung nach der nächsten und wanderte immer weiter weg von dem, was ich mir eigentlich als Kind für mein privates Leben vorgestellt hatte.

Nach meinen ganzen »Teenie-Ausbrüchen« kam es an den Punkt, wo Gott wohl erlaubte, dass es eine krasse Wende in meinem Leben geben musste. Ich hatte ja bis dahin all das gemacht, worauf ich Lust hatte, und die meisten Entscheidungen, die ich traf (die leider auch meistens ziemlich naiv waren), trennten mich immer mehr von Gott, ohne dass ich es merkte. Meine Mama hat in diesen Jahren mit Sicherheit mehr als nur ein paar schlaflose Nächte wegen mir im Gebet verbracht. Hätten sie, meine Schwestern und meine Oma nicht ständig für mich gebetet, wäre es mit Sicherheit nicht zu dem drastischen, aber schlussendlich positiven Wendepunkt in meinem Leben gekommen, der mir bevorstand.

PRECIOUS

So often this lie gets in my head
»You're not worth it to be loved«,
that's what it says
I turn around and I realize instead
I'm not the only one that's let myself forget
Why I'm here, I won't fear what I hear
Why you're here, please don't fear
what you hear

You are precious my star
There's a reason you are
You are precious remember
You are precious and I won't let you
believe you're not
I'll fight for you with all I've got

WERTVOLL

So oft ruft die Lüge mir hinterher
»Bist nicht brauchbar, bist's nicht wert,
dass man dich liebt«
Ich seh mich um und das Bild ist so verzerrt
In dieser Welt so viel verkehrt, das ist nicht fair
Doch Jesus, er kennt mich, er kennt dich
Und Jesus, er liebt mich, er liebt dich

Du bist wertvoll gemacht, einzigartig erdacht
Du bist wertvoll, vergiss nicht
Du bist wertvoll gemacht, einzigartig erdacht
Du bist wertvoll und Gott lässt nicht zu,
dass du zerbrichst
Er setzt sich ein und kämpft um dich

6. WIE KONNTE ES SO WEIT KOMMEN?

Ich war 18 und noch gar nicht so lange mit meinem damaligen Freund zusammen, den ich im Jugendhauskreis der Gemeinde kennengelernt hatte. Da wurde von heute auf morgen mein schlimmster Albtraum wahr ...

Ich seh's noch heute vor mir: Der Verdacht hatte sich schon vor ein paar Tagen in meinen Kopf geschlichen, aber ich brauchte Sicherheit. Vielleicht machte ich mir ja auch nur etwas vor. Ich traute mich nicht, irgendwen um Beistand zu bitten. Und so ging ich ganz alleine – ohne dass meine Familie oder Freunde davon wussten – zur Frauenärztin. Nach dem Test saß ich eine halbe Ewigkeit in diesem Wartezimmer und bangte dem Ergebnis entgegen. Als lange keiner kam, wurde es mir schon so richtig flau im Magen. Ich hatte so eine Ahnung.

Irgendwann rief mich dann die Ärztin zu sich ins Zimmer. »Der Test ist positiv. Sie sind schwanger.« – Schluck! Mehr fiel mir dazu nicht ein. Das Nächste, was sie zu mir sagte, war: »Sie wissen, dass es da auch eine andere Option gibt ... Man kann auch abtreiben.« Obwohl mir dieser Moment total surreal vorkam und ich am liebsten einfach nur losgerannt wäre, wollte ich sie gar nicht fertig reden lassen. Diese »Option« bedeutet für mich Mord und das war das Letzte, was ich jetzt tun wollte.

Als ich klar äußerte, dass eine Abtreibung für mich nicht in Frage kam, nahm sie mich zu sich ins Untersuchungszimmer. Ich weiß nicht mehr genau, was mir in dem Moment durch den Kopf ging, aber mein Herz raste wie verrückt. Ich glaube, ich war davor auch nur einmal bei einer Frauenärztin gewesen. Daher war mir das sowieso schon unangenehm, mich jetzt auch noch auf diesen komischen Stuhl legen zu müssen. Zusätzlich hatte ich keine Ahnung, was nun kommen würde. Ich konzentrierte mich einfach nur darauf, nicht die Fassung zu verlieren und ruhig zu bleiben, was auch immer jetzt passieren würde. Da lag ich also und schaute auf den Monitor. Plötzlich entdeckte ich dort ein pochendes kleines, zartes Herz! Da kann mir keiner erzählen, dass es sich hierbei noch nicht um einen »richtigen« Menschen handelt.

Ich riss mich zusammen, um nicht zu heulen und wieder mal »ganz cool« zu bleiben, obwohl ich wusste, dass ich jetzt am Ende der Spirale angekommen war.

Wie hatte es so weit kommen können? Was war aus meinen Vorsätzen geworden, die ich schon als Kind gefasst hatte, auf Sex bis zur Ehe zu warten? Ich hatte doch eine gute Erziehung und tolle Eltern als Vorbilder, die mir beibrachten, dass Gott die Sexualität in einer Ehe sieht und segnet. Ich fühlte mich wie der letzte Versager und wusste kaum noch, was ich überhaupt fühlen oder denken sollte.

Mit dem Ultraschallfoto in meiner Hand verließ ich die Praxis und fuhr mit der U-Bahn zu meinem Freund, um ihm die Neuigkeit zu erzählen. Es war für mich besonders schlimm, dass er sich irgendwie über die Schwangerschaft freute, ich allerdings einfach nur heulend auf dem Bett saß.

Das war zu dem Zeitpunkt das Schlimmste, was mir je hätte passieren können: Eine Pastorentochter, die mit 18 außerhalb der Ehe schwanger wird! Ich wusste, dass ich alle um mich herum, vor allem meine Familie, komplett enttäuschen würde, sobald sie diese Nachricht erhielten. Ich sah keinen Funken Hoffnung und verstand nicht, warum Gott das zuließ. Man muss hier natürlich ganz klar unterscheiden, dass es nicht darum ging, dass ich das Kind nicht

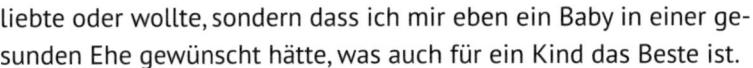

liebte oder wollte, sondern dass ich mir eben ein Baby in einer gesunden Ehe gewünscht hätte, was auch für ein Kind das Beste ist.

Später fuhr ich nach Hause, rief von meinem Zimmer aus eine Freundin an und erzählte ihr, dass ich schwanger war. Was dann passierte, kam mir vor wie aus einem schlechten Film: Die Zimmertür ging auf und meine Mama schrie mich an. Sie hatte zufällig gehört, wie ich zu meiner Freundin sagte: »Sie wird ausflippen, wenn sie das erfährt.« Sie wusste sofort Bescheid. Ich legte auf und konnte eigentlich gar nichts sagen, da meine Mutter total außer sich war – was ja auch verständlich ist. Ich kann mich nicht mehr daran erinnern, was alles gesagt und geschrien wurde. Nur eins blieb mir im Kopf: dass meine Mutter »wusste, dass das passieren würde«.

Meine Zimmerwände kamen auf mich zu. Ich musste einfach raus. Ich hielt diese Enge nicht mehr aus. Schreiend und heulend lief meine Mutter in ihr Zimmer im Dachgeschoss, schloss die Tür und weinte so laut, dass ich es einfach nicht mehr ertrug dazubleiben.

Wieder saß ich alleine in der U-Bahn auf dem Weg zu meinem Freund. Wie froh war ich, dass keiner, den ich kannte, mir in diesem Moment begegnete! Ich hätte nämlich keine Ahnung gehabt, worüber ich hätte reden sollen.

In der U-Bahn spielte ich in Gedanken ab, wie's denn mit meinem Leben jetzt weitergehen sollte. Ich war ja, Gott sei Dank, schon mit der Schule fertig und arbeitete. Aber dass ich meine Mutter so enttäuscht hatte, toppte einfach alles. Ich fühlte mich wie der letzte Loser! In dem ganzen Wirrwarr in meinem Kopf kam mir der Gedanke, ob es nicht doch einfacher wäre, wenn ich abtreiben würde. Nicht, weil ich das Kind nicht wollte, sondern einfach um dem ganzen Schlammassel drumherum zu entkommen.

Doch es gab einen klaren Gedanken in meinem Kopf: Gott hatte zugelassen, dass ich schwanger wurde, das hieß, er hatte einen

Plan für dieses Kind und für mich – und er sagt trotz allem, dass Kinder ein Geschenk von ihm höchstpersönlich sind!

Kinder sind ein Geschenk des Herrn, sie sind ein Lohn aus seiner Hand. (Psalm 127,3)

Interessanterweise ist Psalm 127 auch der Trauspruch von meinem Mann und mir.

In den Wochen und Monaten vor der Schwangerschaft war ich dabei, Mitglied in unserer Gemeinde, einer Freien evangelischen Gemeinde (FeG), zu werden. Es gab viele persönliche Gespräche zwischen den Gemeindeleitern und mir, doch keiner fragte mich, wie's denn mit Sünde in meinem Leben aussah, was meine Beziehung zu meinem Freund anging. Das heißt, ich konnte immer die »schönen Sachen« erzählen und wurde nie mit dem Thema Sex vor der Ehe konfrontiert.

Ich hatte endlich ein Zuhause in dieser Gemeinde gefunden und sehnte mich schon so lange nach dem Gemeindeleben mit anderen Christen. Aber was nun? Jetzt war ich schwanger. Sollte ich einfach nicht mehr in die Gemeinde gehen, in der Hoffnung, dass es keiner merkte, warten, bis das Baby geboren war und dann erst wieder verheiratet auftauchen? Oder sollte ich eine neue Gemeinde suchen, um unangenehme Gespräche zu vermeiden? Oder sollte ich mit meinen ganzen »Kellerleichen« zu den Pastoren und

Ältesten gehen und ihnen die Wahrheit erzählen, was sicherlich in dem Moment die unangenehmste Wahl war?

Ich entschied mich für die letzte Option.

Nun war ich sowieso schon ganz unten angekommen, also war's jetzt auch egal. Ich dachte mir: *Augen zu und durch*, da mir klar war, dass das jetzt die einzig richtige Lösung war. Außerdem hatte ich keine Lust mehr, ständig falsche und unvernünftige Entscheidungen zu treffen. Ich sehnte mich nach einer richtigen Umkehr und Zurechtweisung.

Das war endlich eine weise Entscheidung – es wurde auch mal Zeit!

Die Bombe war geplatzt und der Tornado ging los! Meiner Schwester Naomi erzählte ich es persönlich, meine anderen Schwestern erfuhren es durch meine Mama.

Ich wusste, dass meine ganzen dummen, menschlichen Entscheidungen, die ich die letzten Jahre in Bezug auf Jungs getroffen hatte, mich an diesen Punkt im Leben gebracht hatten. Ironischerweise war das aber die Chance, Gott wieder Herr meines Lebens werden zu lassen. Gott kennt mich nur allzu gut und weiß, dass es bei mir extrem sein muss, damit ich verstehe, wie ernst er es mit mir meint. Dass man nicht mit einem Fuß auf dem schmalen und mit dem anderen auf dem breiten Weg gehen kann. Früher oder später wird es sonst ordentlich krachen. Ich hatte Gott immer als den liebenden und »coolen« Gott erlebt. Jetzt lernte ich ihn auch als den heiligen Gott kennen: Ein Gott, der auch Grenzen setzt und nicht bei all meinen »Gelüsten« mitmacht. Zu oft hört man den Spruch: »Man kann nie tiefer als in Gottes Hände fallen.« Das stimmt, aber man kann das auch ganz falsch verstehen und Gottes Gnade ausnutzen und seine Gebote und Hilfestellungen in der Bibel dadurch missachten. So war auch mein Glaube all die Jahre davor gewesen. Er beruhte *nur* auf Gottes Gnade und nicht auf einer gesunden Ehrfurcht vor ihm. Für mich ist das auch die Antwort, warum es so weit kommen musste. Aber das muss nicht so sein, wenn wir schon frühzeitig lernen, Gottes Gebote wie von einem *liebenden* Vater anzunehmen und nicht wie von einer »Spaßbremse«.

Meine Schwangerschaft löste nicht nur in meiner Familie, sondern auch in unserer Gemeinde eine riesige Welle aus. Ich kann es kaum in Worte fassen, wie dankbar ich den Pastoren und Ältesten meiner Gemeinde bin, dass sie mich komplett unter ihre Fittiche nahmen und zu meinen ganz persönlichen Hirten wurden, die sich um das verlorene Schaf kümmerten. Ich erzählte ihnen die Story und suchte nach ihrem Rat. Meine Mama und Schwestern waren jetzt total überfordert mit der Situation und es fehlte einfach unser Papa – wobei er wahrscheinlich noch mehr ausgeflippt wäre als meine Mama!

Im ersten Moment war für mich und meine Mama die einzige Lösung, dass ich meinen Freund heirate. Doch die Pastoren waren da anderer Meinung: Wir, mein Freund und ich, sollten erst einmal einen Ehevorbereitungskurs besuchen und abwarten, ob wir denn auch noch in einigen Monaten heiraten wollten. Schließlich waren wir ja noch so jung und auch noch nicht sehr lange zusammen. Das Heiraten sollte nicht eine Konsequenz der Schwangerschaft sein, sondern eine weise und gut durchdachte Entscheidung. Wegen dieser Einstellung kam es in unserer Gemeinde zu einer großen Debatte, da manche der Meinung sind oder waren, dass in solchen Fällen geheiratet werden muss.

In den nächsten Monaten befasste ich mich stark mit der Bibel und versuchte ständig herauszufinden, was denn Gott wollte. Ich wollte mich auf die Rolle einer »guten Mama« vorbereiten und das Thema »heiraten oder nicht« eigentlich so bald wie möglich geklärt haben. Doch das ging leider nicht von heute auf morgen. Ich verbrachte Monate damit, Gespräche mit Freunden, Familienmitgliedern und anderen Christen zu haben, um in dem ganzen Schlamassel eine klare Antwort zu bekommen. Es fühlte sich an, als ob ich im Nebel stünde. Da ich nichts sehen konnte, blieb mir nichts übrig, als einfach nur stehen zu bleiben.

Wenn ich an die Schwangerschaft zurückdenke, erinnere ich mich fast nur an Streit und Uneinigkeit mit meinem Freund. Auch viele unserer Auslegungen oder Ansichten einiger Bibelstellen waren sehr unterschiedlich. Wir gingen zwar zu der vorgeschlagenen Ehevorbereitung, ich brach sie jedoch irgendwann ab, da ich den Eindruck gewann, dass die Leute dort mir gegenüber voreingenommen waren.

Immer wieder war ich im Gespräch mit den Ältesten der Gemeinde, die mich ständig ermutigten, weiterhin Gott zu suchen und die Beziehung mit meinem Freund langsam anzugehen.

Für mich galt hier folgende Bibelstelle:

Gehorcht den Leitern eurer Gemeinde und tut, was sie sagen. Es ist ihre Aufgabe, über eure Seelen zu wachen, und sie wissen, dass sie Gott Rechenschaft geben müssen. Achtet darauf, dass sie dies mit Freude und ohne Sorgen tun können, denn das wäre sonst für euch sicher nicht gut. (Hebräer 13,17)

Für mich hieß das also ganz praktisch, dass ich auf den Rat der Gemeindeleitung hören sollte, da ich sie ja schließlich auch darum bat – auch wenn manche Geschwister da anderer Meinung waren. Aber da ich die Gemeindeleiter ja schon viele Male hatte predigen hören und viele intensive Gespräche mit ihnen geführt hatte, vertraute ich ihrem Rat und wusste, dass sie nicht einfach etwas aus dem Bauch heraus sagten.

Während der Schwangerschaft verlobten mein Freund und ich uns dann doch. Das Traurige war nur, dass ich mich innerlich gar nicht richtig freute. Immer wieder hatte ich so ein komisches Gefühl, wenn ich an unsere Hochzeit dachte, aber das wurde mir erst viel später bewusst. Ich versuchte, mir einfach ständig einzureden, dass alles gut werden würde, wenn ich den Papa meines Kindes heiraten würde und dass *das* mit Sicherheit das Beste fürs Kind wäre. Aber irgendetwas in mir gab mir nicht diesen Frieden, den ich mir eigentlich für so eine wichtige Entscheidung gewünscht hatte. Komischerweise trug ich den Verlobungsring auch selten, da er irgendwie ständig beim Juwelier landete: Anfangs war er zu groß, dann saß der Stein nicht richtig in der Fassung, dann passte wieder irgendetwas nicht.

Die Mitgliedschaft in der Gemeinde wurde etwas hinausgezögert, was ja auch verständlich war. Doch nachdem sie gesehen hatten, dass ich es wirklich ernst meinte, Gott folgen zu wollen, und ich meine Schuld vor Gott bekannte, durfte ich ganz offiziell Mitglied werden. Ich musste zwar in einer getrennten Gemeindesitzung die Mitglieder fragen, ob jemand dagegen Einwände habe, aber nach alledem, was ich schon an unangenehmen Gesprächen hinter mir hatte, konnte das ja kaum schlimmer sein.

Ich wohnte noch zu Hause mit meiner Mama und meiner Schwester Lizzy und bereitete mich auf die Geburt der kleinen Prinzessin, Joelle, vor. Wie ich auf ihren Namen gekommen bin, ist auch eine besondere Geschichte:

Ich lag nachts im Bett und überlegte, ob das Baby wohl ein Mädchen oder Junge ist und was es für einen Namen bekommen sollte. Plötzlich sprang »Joelle« in meinen Kopf. Ich holte meine Bibel hervor, da ich den Namen aus irgendeiner biblischen Geschichte kannte und fand den Propheten Joel im Alten Testament. Am nächsten Morgen suchte ich im Internet nach der Bedeutung des Namens, in der Hoffnung, dass es vielleicht auch eine weibliche Form davon gibt. Ich hatte insgeheim gehofft, dass es ein Mädchen ist und hatte auch schon geträumt, wie ich ein kleines Mädchen mit zwei Zöpfen zur Toilette brachte. Da fand ich »Joelle« unter anderem mit der hebräischen Bedeutung: »God is willing« (»Gott stimmt zu«). Für mich war hier wieder klar: Auch wenn ich viel falsch gemacht habe, nimmt Gott meine Sünde von mir und schenkt mir einen neuen Anfang, wenn ich mich auch dafür bereit erkläre. Und er liebte Joelle jetzt schon! Für mich war also die Entscheidung gefallen, dass er oder sie Joel beziehungsweise Joelle heißen würde. Das gab mir neuen Mut und Zuversicht, dass Gott mich nicht verlassen hatte.

Ich fand schließlich heraus, dass ich ein Mädchen bekommen würde und alle freuten sich schon auf die Kleine. Die Gemeinde riet mir, noch zu Hause wohnen zu bleiben, da mir meine Mama eine gute Hilfe sein konnte. Während der Schwangerschaft hatten wir regelmäßig Konzerte als Van Dooren Sisters, das heißt, eine Oma in unmittelbarer Nähe zu haben, war in der Tat ein Luxus!

So kam also Joelle auf die Welt – es war, Gott sei Dank, eine unkomplizierte Geburt –, doch eine Frage war für mich immer noch nicht geklärt: Wie sollte es mit dem Thema Heirat weitergehen? Ich las zum ersten Mal in meinem Leben in einem Jahr die Bibel komplett durch und lernte Gott ganz neu kennen. Meine Beziehung zu Jesus war so echt und persönlich wie noch nie und er erfüllte mich komplett. Dadurch war ich auch bereit, seinen Willen zu tun, was auch immer das bedeuten würde.

Auf Empfehlung einer guten Freundin besorgte ich mir ein christliches Arbeitsbuch, in dem es um das Thema »Gottes Willen erkennen und tun« ging. Irgendwann, nachdem ich schon Monate damit verbracht hatte, Gott anzuflehen, mir die Augen zu öffnen und zu zeigen, was er denn für mein Leben wollte, sprach er ganz eindeutig zu mir.

Er zeigte mir, dass ich mich in erster Linie um Joelle kümmern sollte und als Zweites, dass auch erst mal das Projekt »Van Dooren Sisters« dran war. Natürlich wusste ich immer noch nicht, was in einem oder zwei Jahren sein würde, aber er zeigte mir, was ich *jetzt* tun sollte: die Beziehung mit meinem Freund beenden.

Wie ich schon erwähnt habe, ist es nicht ganz einfach zu beschreiben, wie man Gott zu sich sprechen hört. Für mich war es so: In dem Moment, als er mir klarmachte, dass ich die Beziehung beenden solle, fühlte es sich an, als ginge bei mir endlich dieses Licht an, auf das ich die ganze Zeit so sehr gewartet hatte. Der Nebel verschwand und ich wusste: Gott hat einen Plan, dem ich vertrauen kann, auch wenn ich nicht weiß, was nach meinem Gehorsamsschritt passieren wird. So trennte ich mich von meinem Freund und versuchte, mich auf das zu konzentrieren, was Gott mir auftrug.

Versteht mich nicht falsch – es war nicht so einfach, Schluss zu machen wie es sich vielleicht anhört. Ich liebte meinen Freund ja schon, zumindest war ich damals fest davon überzeugt.

Und es war auch danach ein langer Prozess, im Gehorsam Gott gegenüber zu bleiben und nicht meinen menschlichen Gefühlen nachzugeben.

Kurz nach der Trennung rechnete ich eigentlich damit, dass Gott uns beide in dieser Trennungszeit so verändern würde, dass wir wieder zusammenkommen und heiraten würden. Aber nach einigen Monaten, in denen ich die Möglichkeit hatte, die Beziehung von einem anderen Standpunkt aus zu betrachten, stellte ich fest, dass wir einfach nicht zusammenpassten. Die rosarote Brille war weg und plötzlich sah ich alles anders. Es wäre zwar schön gewesen, wenn ich das schon von Anfang an erkannt hätte, aber leider macht Verliebtheit blind.

Obwohl wir nicht mehr zusammen waren, war für uns beide klar, dass Joelle ihren Papa jedes Wochenende sehen würde, um mit ihm Zeit zu verbringen. Das ist auch heute noch so. Er ist und bleibt ein wichtiger Teil ihres Lebens und das ist auch gut so.

Ich kann mich noch erinnern, wie ich eines Morgens mit Joelle im Kinderwagen spazieren fuhr und überzeugt war, dass ich jetzt den Rest meines Lebens als alleinerziehende Mama verbringen würde. Das machte mir aber keine Angst, denn ich war fest davon überzeugt, dass Gott mir all das geben würde, was ich brauchte. Dieses Gefühl war aber nur möglich, weil ich mich jeden Tag aufs Neue auf ihn einließ und ihm bewusst vertrauen wollte. Ich konnte Gott durch intensives Bibellesen neu kennenlernen. Da wurde mir klar, was für ein falsches Bild ich zum Teil von ihm hatte. Es gab Dinge, die ich als Kind von irgendwem falsch aufgeschnappt hatte und die mein Gottesbild beeinflusst hatten. Es ist so wichtig, nicht aufzuhören in seinem Wort zu lesen und ihn zu suchen, aber leider merke ich immer wieder, wie schwer es ist, motiviert zu bleiben und sich die Zeit fürs Bibellesen bewusst zu nehmen.

Joelle ist jetzt sieben und es macht mir einen Riesenspaß, sie immer besser kennenzulernen und zu sehen, wie sie sich entwickelt. Auch als Baby war sie so süß und ich übernahm gerne und schnell meine neue Aufgabe als Mama mit allen schönen und schwierigen Herausforderungen.

Über die Jahre wurde ich immer wieder gefragt, ob ich denn nicht das Gefühl hätte, etwas in meiner Jugend verpasst zu haben, da ich ja so früh Mama wurde. Aber ich bin so froh, dass es genau so gekommen ist. Wer weiß, wo ich sonst noch gelandet wäre, wäre das nicht passiert? Ich hatte bis zu meinem 18. Lebensjahr schon so viel erlebt und ich tat auch beruflich das, was mir Spaß machte.

Früher bin ich jeden Abend vorm Schlafengehen zu Joelle ins Zimmer gegangen und habe ihr beim Schlafen zugesehen. Ich kann mir einfach kein Leben ohne sie vorstellen und bin immer zutiefst traurig, wenn andere Frauen mir erzählen, dass sie ein Baby aus freiem Willen abgetrieben haben.

Egal aus welchem Grund – ich bin nach wie vor der Meinung, dass kein Kind eine Abtreibung verdient. Gott hat mir damals geholfen und würde auch ganz bestimmt bei jeder werdenden Mutter das Gleiche tun.

Ich bin Gott so dankbar, dass er mal wieder aus meinen Fehlern etwas Gutes gemacht hat, so etwas kann nur er. Joelle ist ein wahrer Segen in meinem Leben und ich bin gespannt zu sehen, was Gott in ihrem Leben vorhat!

Und wir wissen, dass für die, die Gott lieben und nach seinem Willen zu ihm gehören, alles zum Guten führt. (Römer 8,28)

EWIGES ZUHAUSE

Ich bin so froh,
dass ich aus dieser Welt
voller täglicher Probleme
eines Tages fliehen kann
Ich kann es kaum erwarten,
bis ich endlich zu Hause bin,
in meinem echten Zuhause
für immer

ETERNAL HOME

So glad I can escape
from this world full of problems
everyday
I cannot wait
'til I am at home, my real home to stay

No matter what I have to go through
It's worth it 'cuz with you
Heaven is closer than I think
No matter what I have to go through
It's worth it 'cuz with you
I have an eternal home

Egal was ich durchmachen muss,
es lohnt sich, denn mit dir an meiner Seite
ist der Himmel näher,
als ich es mir vorstellen kann
Egal was ich durchmachen muss,
es lohnt sich, denn mit dir an meiner Seite
hab ich ein ewiges Zuhause

7. ES GIBT IHN DOCH – MEINEN TRAUMMANN!

Wieder mal kam alles anders, als ich es mir vorgestellt hatte. Aber diesmal nicht, weil ich einen Fehler machte, sondern weil Gott einen anderen Plan für mein Leben hatte.

Die Van Dooren Sisters waren 2006 auf der Suche nach einem guten Tontechniker, der uns bei unseren Konzerten begleiten konnte. Wir fragten jemanden aus unserer Gemeinde, der uns Christoph empfahl. Ihn kannte ich nur dem Namen nach, aber da wir so eine große Gemeinde mit Morgen- und Abendgottesdiensten waren, war es einfach schwer, den Überblick zu behalten.

Meine Mama fragte Christoph, ob er nicht einmal probehalber unsere Tontechnik übernehmen wolle. So probierten wir es bei einem unserer Konzerte in einer Pianobar aus und waren sofort von der Zusammenarbeit begeistert.

In einer Pause zwischen den Sets fingen wir an, mit ihm über sein Alter zu reden. Als ich dann hörte, dass er ungefähr sieben Jahre älter war, als ich ihn geschätzt hatte, war ich total überrascht. Er sah einfach viel jünger aus.

Beide Parteien entschieden sich nach diesem Abend für eine Zusammenarbeit. Durch die gemeinsamen Reisen zu den verschiedenen Städten, wo wir Konzerte gaben, lernten wir ihn immer besser kennen. Auch nach den Gottesdiensten waren wir oft mit unseren Freunden unterwegs oder etwas essen. Bei solchen Gelegenheiten saßen Christoph und ich irgendwie oft zufällig nebeneinander und konnten viel quatschen.

Ich weiß nicht mehr, wann mir eigentlich auffiel, dass ich kaum noch Hunger hatte und nicht mehr richtig schlafen konnte. *Was ist denn mit mir los?*, wunderte ich mich zuerst. Doch dann schlug ein Gedanke ein wie der Blitz: *Oh nein, ich glaube, ich verliebe mich gerade in unseren Tontechniker!*

Alarm, Alarm! Die Erfahrung sagte immerhin, dass Debby sich immer viel zu schnell verliebte und es immer die falschen Typen waren! Erst mal geriet ich also in Panik und wusste gar nicht, was ich tun sollte. Dann erinnerte ich mich daran, dass er 11 Jahre älter war als ich, was mir noch mehr Angst machte!

Ich beschloss, meinen Gefühlen dieses Mal nicht freien Lauf zu lassen. Ich sagte mir: *Das ist sowieso totaler Quatsch, überhaupt nur daran zu denken, dass er eventuell etwas für mich wäre!* Noch dazu war ich ja überzeugt davon, dass es nicht Gottes Willen sei, wenn ich wieder einen Freund hätte. Jetzt hatte ich ja schließlich eine Tochter und dachte, dass es besser sei, wenn ich alleine bliebe. Doch als ich nur noch rot wurde, wenn ich ihn sah, und nicht mehr wusste, wie ich normal mit ihm reden sollte, merkte ich, dass ich jetzt mit jemandem darüber reden musste.

Lizzy war die Erste, mit der ich über meine Gefühle sprach. *Gleich sagt sie mir, dass er überhaupt nicht zu mir passt*, dachte ich nervös. Aber das war gar nicht der Fall. Sie ermutigte mich, Christoph weiter kennenzulernen.

Ich hatte keine Ahnung, was er über mich dachte. Immer wieder gab es diese Momente, in denen ich dachte, dass er Interesse an mir zeigte, aber sicher war ich mir da nicht. Für mich war die Zeit, als wir in London ein Konzert hatten, der Knackpunkt. Hier dämmerte mir, dass ich mich wirklich in ihn verliebt hatte.

Langsam merkte ich, dass Christoph ganz bewusst probierte, mich zu »umwerben«. Einmal besuchte er uns, ich wohnte zu dem Zeitpunkt noch zu Hause, und brachte »ganz zufällig« ein bekanntes amerikanisches Getränk, *root beer,* das ich liebe, mit. Das hatte ich irgendwann beiläufig erwähnt. Da hatte aber jemand *große* Ohren! Als ich per Mail mal erwähnte, dass ich voll schlecht drauf war, mailte er mir ein Foto von meiner Lieblingsserie *Friends* und eins von Eiscreme. Das sollte mich aufmuntern. Witzigerweise hatte er sich auch *das* gemerkt.

Jetzt traute ich mich auch, mehr E-Mails zu schreiben oder mit ihm wegen irgendwelchen »ganz wichtigen« Dingen zu telefonieren. Ein guter Vorwand waren da immer die Van Dooren Sisters und was alles noch *unbedingt* für die nächsten Konzerte besprochen werden musste.

Da ich diesmal ganz anders an eine Beziehung rangehen wollte, beschloss ich, meiner Mama davon zu erzählen. Mir war das ziemlich unangenehm. Ich fing gerade erst an, die Situation zu erklären, da zeigte sie mir schon den »Daumen hoch« und gab mir ihren Zuspruch! Das war das erste Mal, dass sie von einem Mann in meinem Leben begeistert war und mich ermutigte, ihn besser kennenzulernen.

Aber ich hatte ja Joelle und wusste, dass ich nicht einfach so einen Freund haben wollte, geschweige denn konnte. Deshalb versuchte ich dieses Mal, so gut es ging, alles zu prüfen. Ich wollte alles richtig machen.

Ich hatte mir in den Monaten nach der Trennung von meinem Ex-Freund eine neue Liste von Dingen gemacht, die ich mir bei einem Mann wünschte. Diesmal waren es nicht Haarfarbe, Größe oder Humor, sondern Dinge wie Zuverlässigkeit, Ehrlichkeit und Reife als Christ sowie als Mann. Mir war klar: Wenn ich überhaupt je wieder einen Freund oder sogar Ehepartner haben würde, dann musste er reif genug sein, um auch mit meiner Situation klarzukommen. Er musste natürlich auch ein guter zweiter Vater für Joelle sein.

Unser erstes offizielles Date verlief ganz anders, als man das in Filmen sieht und wie man sich das vielleicht vorstellt. Wir wussten, dass wir eine Beziehung eingehen wollten, aber vorher checkten wir erst mal unsere innere Liste miteinander ab. Wir besprachen an nur einem Abend unseren ganzen Lebensplan, was uns in einer Beziehung wichtig war, Erziehung, Finanzen, Aufgabenverteilung in einer Ehe und Gemeindethemen. Wir redeten auch darüber, dass wir von Anfang an eine Regel haben würden: nicht beieinander zu übernachten. Das klingt eigentlich alles total unromantisch, aber für uns war das genau das Richtige und *wir* fanden den Abend sehr romantisch.

Wir lernten uns von Anfang an so richtig kennen und wussten eben, was der andere für Erwartungen und Vorstellungen hatte. Ich glaube, normalerweise spricht man erst bei einem Ehevorbereitungskurs über all diese Themen, aber wir wussten beide, dass wir die Fronten klären wollten und auch noch ein Kind mit im Boot saß.

Ich erfuhr hinterher, dass Christoph, bevor er überhaupt irgendwelche »Anmachen« wagte, sich mit einem guten Freund getroffen hatte, um ihn um Rat und Gebet wegen mir zu bitten. Sein Freund kannte mich und meine ganze Story sehr genau, da er auch in unsere Gemeinde ging. Aber trotz allem machte er Christoph Mut, Schritte zu wagen.

Dieses Vorgehen spiegelt deutlich Christophs Persönlichkeit wieder: Vernunft, Geduld und Weisheit. Das war genau das, was ich mir bei einem Mann und vor allem meinem *Ehe*-Mann gewünscht hatte!

Wir beschlossen also, eine Beziehung zu wagen. Christoph lernte Joelle, die damals zwei war, immer besser kennen. Er und Joelles Papa setzten sich auch zusammen, um einige Dinge zu klären, damit von vornherein ein gesundes Verhältnis zwischen den beiden bestehen würde. Auch das zeigte mir, dass Gott dahinterstand und die Beziehung segnete. Es herrschte Frieden zwischen den »Parteien« und wir hatten alle den Wunsch, so gut wie möglich auf Joelle Acht zu haben. Das war eine super Basis für die Zukunft.

Schon nach ein paar Wochen hatte ich dieses Gefühl, das ich bei meinen anderen Beziehungen nie gehabt hatte: dass er tatsächlich *der* Mann für mich war! Diesmal war es nicht ein Gefühl, das ich selbst geschaffen und bei dem ich alles schöngeredet hatte, sondern es passte einfach alles, egal was ich prüfte.

Ich war sehr skeptisch, meinem Gefühl Glauben zu schenken und wartete immer auf eine Bombe, die platzen würde, und mit der ich merken würde, dass ich mich doch getäuscht hatte. Es lief einfach alles viel zu gut, als dass es hätte wahr sein können. Es herrschten totale Ruhe und Frieden in mir. Das ist schwierig zu beschreiben.

Ich lernte immer mehr Dinge über Christoph, die mich sehr überraschten. Es waren auch die vielen Kleinigkeiten, an denen ich erkannte, wie gut wir zusammenpassten. Zum Beispiel hatte er eine Zeit lang in den USA gelebt. Das fand ich natürlich super, da er meine komische »Halb-Ami-Mentalität« verstand. Er konnte mich sehr gut durchschauen und wusste oft, wie es mir ging, bevor ich darüber sprach. Eigentlich kannte er mich besser als ich mich selbst und das schon nach kürzester Zeit.

Als ich ihn fragte, warum er an mir Interesse hatte, kam eine Antwort, die mir zeigte, dass es ihm nicht nur um mein Äußeres ging. Er fand mich interessant und wollte hinter die Fassade in mein wahres Ich schauen. Ich fand das total toll, dass es nicht wieder wie bei vielen meiner Exfreunde in erster Linie ums Aussehen ging, sondern er mich wirklich kennenlernen und wissen wollte, wer hinter »Debby van Dooren« eigentlich steckte.

Für mich war das eine riesige Überraschung, die Gott mir einfach so schenkte. Gott gab mir viel mehr, als ich mir überhaupt gewünscht oder vorgestellt hatte. Ich hatte zwar meine Wunschliste, was meinen Traummann anging, aber die Liste wurde ständig mit mehr Qualitäten getoppt oder Dinge, die ich immer als so wichtig empfand, wurden gestrichen. Falls ihr euch wegen des Altersunterschiedes wundert: Bis heute habe ich den in unserer Beziehung nie bewusst gemerkt – außer daran, dass Christoph irgendwie in jeder Stadt weiß, welche Läden, Sehenswürdigkeiten usw. es wo gibt, da er viel gereist ist. Und an unserem unterschiedlichen Musikgeschmack, haha! Aber ansonsten war das nie ein Thema und hat noch nie zu Problemen geführt. Ganz im Gegenteil: Da er ja schon mit beiden Beinen fest im Leben stand, bevor er mich kennenlernte, wusste ich, dass er auch Verantwortung übernehmen konnte. Für mich war das, besonders wegen meiner Tochter, sehr wichtig.

Ich war so begeistert von Christoph, dass ich ihm sogar ein Lied namens »Biggest Fan« widmete.

Mir war unheimlich wichtig, dass er mich durch meine Musik kennengelernt hatte und daher auch wusste, was meine Leidenschaft und mein Wunsch war. Er ermutigte mich von Anfang an, mehr Musik zu machen. Das hatte ich bisher in keiner anderen Beziehung erlebt, außer bei meiner Familie. Er begriff, dass Musik ein sehr wichtiger Bestandteil meines Lebens ist und Gott mir das nicht umsonst gegeben hat, sondern wollte, dass ich etwas daraus mache.

Im Laufe unserer Beziehung stellte ich irgendwann fest, wie sehr ich ihn wirklich liebte, nur diesmal war es ganz anders als vorher. Eine ganz neue Definition von Liebe. Ich dachte viel über die Beziehungen nach, die ich vor Christoph hatte, und realisierte, dass das, was ich als Liebe empfunden hatte, etwas ganz anderes war. Es ist schwer, das in Worte zu fassen, aber diese neue Liebe ging viel tiefer und weiter, als ich es bisher je erlebt oder gespürt hatte.

Da für mich nun eigentlich alles geklärt war, wartete ich quasi nur noch auf den Antrag. Ich fühlte mich bereit eine Ehefrau zu werden und hatte keinen Zweifel daran, dass er der Richtige für mich war. Tja, das Problem war nur, dass es bei ihm etwas länger dauerte. Für mich war das eine riesige Geduldsprobe. Ich musste zweieinhalb

Jahre auf einen Antrag warten. Aber dafür war der dann der Hammer! Meine spätere Trauzeugin und ich waren zum Weihnachtsdeko-Shoppen verabredet und Christoph wollte solange Joelle babysitten. Meine Freundin holte mich ab und wir fuhren erst mal quer durch München. Irgendwann merkte ich, dass wir ja in eine ganz falsche Richtung gefahren waren, aber da ich während der Fahrt so viel quatschte und sowieso eine sehr unaufmerksame Beifahrerin bin, passierte das erst nach einer halben Stunde Fahrt.

Als wir dann endlich am Ziel angekommen waren, suchten wir nach dem »Dekoladen«, aber meine Freundin konnte ihn nicht finden. Also rief sie ihre »Chefin« an, um sie noch mal nach der Adresse zu fragen. Auf einmal packte sie eine Augenbinde aus und meinte: »Debby, ich muss dir jetzt leider die Augen verbinden.« *Hä??* »Was geht denn hier ab?«, fragte ich nur. Zuerst weigerte ich mich, weil ich das total albern fand. Aber als sie keine Ruhe ließ, hatte ich ja keine andere Wahl.

Sie führte mich eine Treppe hoch in einen Raum und meinte dann: »So, und jetzt musst du dich für ein Konzert bereit machen!« Und wieder: *Hä??* Ich guckte mich erst mal in dem Raum um und sah Konzertposter, wo ich drauf abgebildet war, ein paar meiner Kleider, Schuhe und Make-up von mir herumstehen. Plötzlich wurde ich total nervös. Hatte Christoph damit zu tun? Vielleicht hatte er ein Überraschungskonzert für mich organisiert, wo ich meine neuen Lieder präsentieren durfte! Vielleicht warteten vor der Bühne ja Zuschauer auf mich! Ich zog mich also um, schminkte mich und wartete einfach. Die Minuten kamen mir eher wie Stunden vor. Irgendwann kam meine Freundin wieder kurz rein und fragte, ob ich denn bereit wäre. Und schon war sie wieder weg. Ach, ich platzte fast vor Aufregung!

Dann hörte ich Christophs Stimme: »Mach die Augen zu.« Ich gehorchte. Er nahm mich an der Hand, führte mich aus dem Zimmer heraus und ging in einen anderen Raum. Als er die

So schön hatte Christoph den Saal für seinen Antrag dekoriert.

Tür dahin aufmachte, hörte ich laute Musik von einer meiner Lieblingssängerinnen und dann kamen mir schon fast die Tränen. Wir gingen ein paar Stufen hoch und dann durfte ich meine Augen aufmachen:

Ich stand auf einer Bühne in einem leeren Saal. Überall brannten Kerzen, es spielte Musik und mitten drin stand ein gedeckter Tisch mit Blumen. Auf die Leinwand war das Konzertposter projiziert, das ich eben schon bemerkt hatte. Und dann fiel mein Blick unmittelbar vor mich: Da war Christoph auf einem Knie und stellte mir die Frage aller Fragen!

Und meine Antwort war Nein.

Nee, Quatsch, natürlich sagte ich überglücklich Ja! Er gab mir einen wunderschönen glitzernden Ring und wir setzten uns an den Tisch, wo uns Essen serviert wurde. An diesem Ort waren wir oft spazieren gegangen, für uns war das also eine ganz besondere Location.

Nach all der Aufregung war meine erste Frage: »Wer ist bei Joelle, wenn du hier bist?«

Christoph hatte aber natürlich alles lange vorher geplant und meine Mama in den Plan eingeweiht. Sie passte auf Joelle auf und konnte es kaum erwarten, die tolle Nachricht direkt von mir zu hören. Mein zukünftiger Mann hatte sie vorher ganz offiziell nach ihrer Erlaubnis gefragt, ob er mich denn heiraten dürfe. Das war mir sehr wichtig und es freute mich, dass sie ihren Segen dazu gab. Wäre mein Papa noch da gewesen, hätte Christoph natürlich ihn fragen müssen, so hatte ich mir das immer gewünscht.

Nachdem wir gegessen und unsere Familien angerufen hatten, kam noch ein Highlight. Meine Freundin, die mich hergelockt hatte, und ihr Mann kamen dazu und ich durfte tatsächlich meine neuen Songs auf der Bühne aufführen. Christoph hatte sich logischerweise um die nötige Tontechnik vor Ort gekümmert. Es war einfach alles perfekt und ich fühlte mich wie eine Prinzessin.

Am nächsten Morgen kam Joelle zu mir ins Zimmer und ich erzählte die ganze Story und zeigte ihr den Ring. Sie war zwar noch klein, aber sie wusste, was »heiraten« bedeutet und freute sich mit, zumal sie dann auch ein weißes Prinzessinnenkleid als Blumenmädchen bekommen würde. Sie meinte dann immer nur: »Wir heiraten.« Für sie war also klar, dass es hier nicht nur um Christoph und mich ging, sondern dass sie mit dazugehörte.

Die Vorbereitungen für die Hochzeit gingen los. Ich hatte genau fünf Monate dazu Zeit – echt viel zu wenig, wenn man mich fragt. Das Tollste war natürlich, das richtige Hochzeitskleid zu finden! Leider fand ich meins viel zu schnell, sodass ich nicht eine Million weißer Prinzessinnenkleider anprobieren durfte. Naomi und Miriam kamen mit und machten den Laden unsicher. Ich glaube, die arme Angestellte dort war mit unserer Euphorie total überfordert!

Christoph und ich machten während unserer Verlobungszeit ein Eheseminar von *Team.F*, das ich jedem empfehlen würde. Dadurch bekamen wir einen tieferen Einblick in das Eheleben und den Alltag, den es mit sich bringt. Viele Paare, die schon lange verheiratet waren, plauderten aus dem Nähkästchen und wir bekamen Themen, die wir miteinander besprechen sollten. Das war sehr hilfreich, wenn auch erst mal nur theoretisch.

Während unserer Beziehung gab es immer wieder Herausforderungen, die unsere Beziehung auf die Probe stellten, aber das brachte uns immer noch näher zueinander. Ich musste, und muss bis heute, lernen, mit meinem Zukünftigen reden und diskutieren zu können – auch über Dinge, die mir unangenehm sind. Ich war schon immer die Art von Frau, die gerne Probleme unter den Tisch kehrt und so tut, als wäre alles in Ordnung. Aber so etwas geht in einer Beziehung irgendwann nach hinten los. Gott sei Dank wusste mein späterer Mann das von Anfang an und konnte mir helfen mich zu trauen, über meine wahren Gefühle zu sprechen.

Nach für mich langem und nervigem Planen der Hochzeit kam endlich der Tag, auf den ich mein Leben lang gewartet hatte. Beide Trauungen, sowohl die standesamtliche als auch die kirchliche, waren der Hammer!

Ich hatte vor der Hochzeit immer Angst, wie es wohl sein würde, ohne meinen Papa zum Altar gehen zu müssen. Aber es war überhaupt nicht schlimm und ich wusste, dass Jesus mich begleitete.

Uns war es wichtig eine lockere Hochzeit zu haben, wo viel gelacht wird. Alles andere wäre mir viel zu langweilig und steif gewesen. Es gab viele lustige Beiträge, die mich auch an unsere Silvesterfeiern zurückdenken ließen, und ich durfte singen! Eigentlich hatte ich immer gesagt, dass ich es viel zu kitschig und blöd finde, auf meiner eigenen Hochzeit zu singen. Aber da meine Schwestern das organisierten und ich davon nichts wusste, konnte ich ja nicht nein sagen, höhö.

Die Van Dooren Sisters bei meiner Hochzeit wieder vereint.

Wieder fing ein neues Kapitel in meinem Leben an und ich war einfach nur gespannt zu sehen, wie ich als Ehefrau ticken und das gemeinsame Familienleben packen würde.

Eigentlich klingt das alles wie das Happy End von den ganzen Beziehungskisten, die ich hinter mir hatte, oder? Das empfand ich auch so, aber eine Sache war mir trotzdem bewusst: Obwohl Gott mir alle meine Sünden und Fehler vergeben hat und ich für ihn »schneeweiß« bin (Jesaja 1,18), kann ich leider nicht alles aus meinem Gedächtnis verschwinden lassen. Narben werden leider immer bleiben und mich daran erinnern, wie wichtig es ist, Gott gehorsam zu sein. Einige Fehler, die ich machte, haben Konsequenzen, die ein Leben lang andauern werden. Noch dazu habe ich mit Sicherheit viele Herzen durch meine Taten gebrochen und Menschen dadurch verletzt.

Ich denke, ich wollte einfach wissen, wie weit ich gehen kann, bevor Gott den Schlussstrich zieht. Nicht bewusst, aber ich kannte eben nicht die Grenze.

Ein Pastor hat auch mal gesagt: »Es geht nicht darum, wie nah ich an Sünde rangehen darf, sondern wie weit ich davon wegrenne!«

Es ist ein Wunder und reine Gnade, dass Gott mir einen so tollen Mann geschenkt hat, denn verdient habe ich ihn ganz bestimmt nicht!

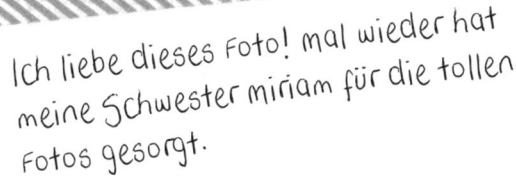

Ich liebe dieses Foto! mal wieder hat meine Schwester miriam für die tollen Fotos gesorgt.

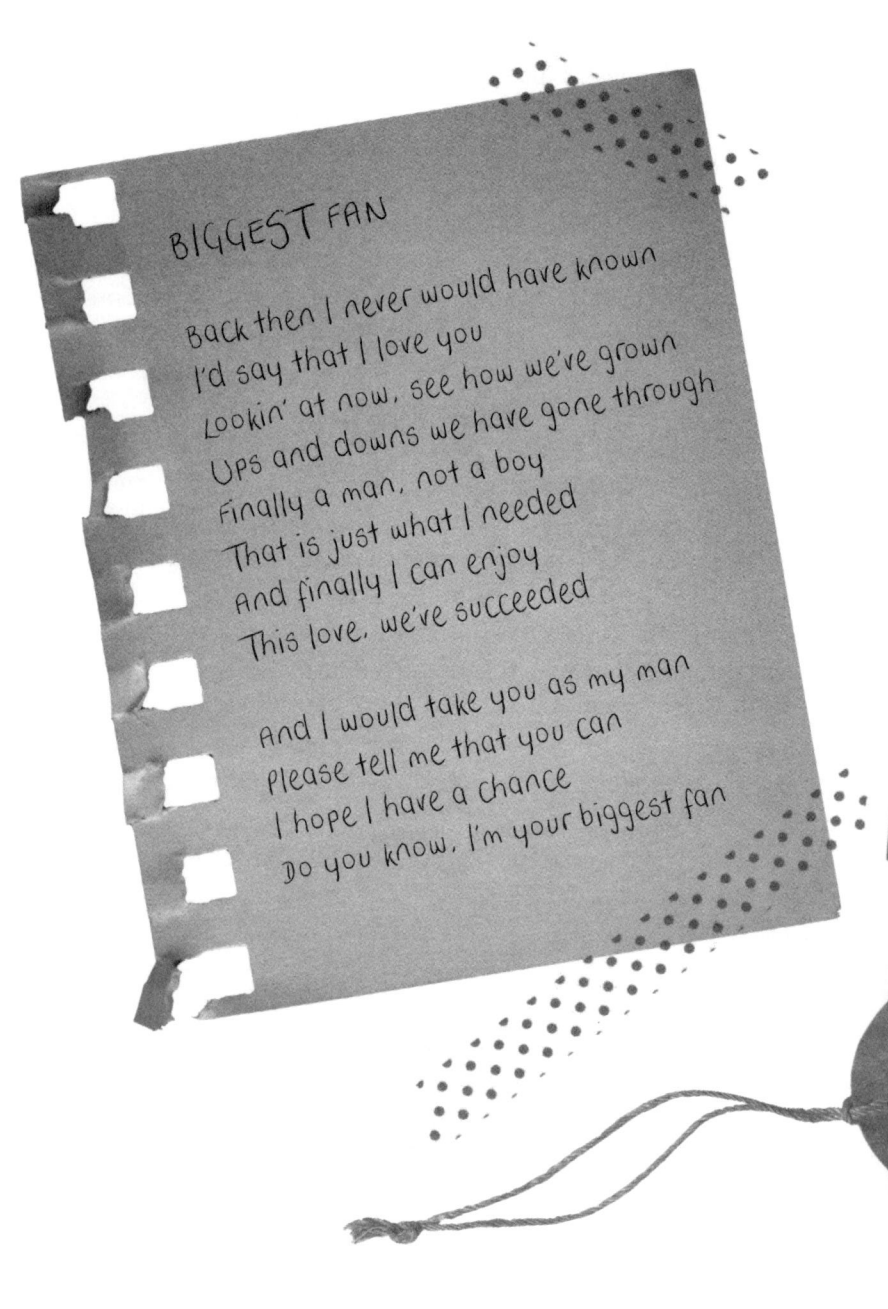

BIGGEST FAN

Back then I never would have known
I'd say that I love you
Lookin' at now, see how we've grown
Ups and downs we have gone through
Finally a man, not a boy
That is just what I needed
And finally I can enjoy
This love, we've succeeded

And I would take you as my man
Please tell me that you can
I hope I have a chance
Do you know, I'm your biggest fan

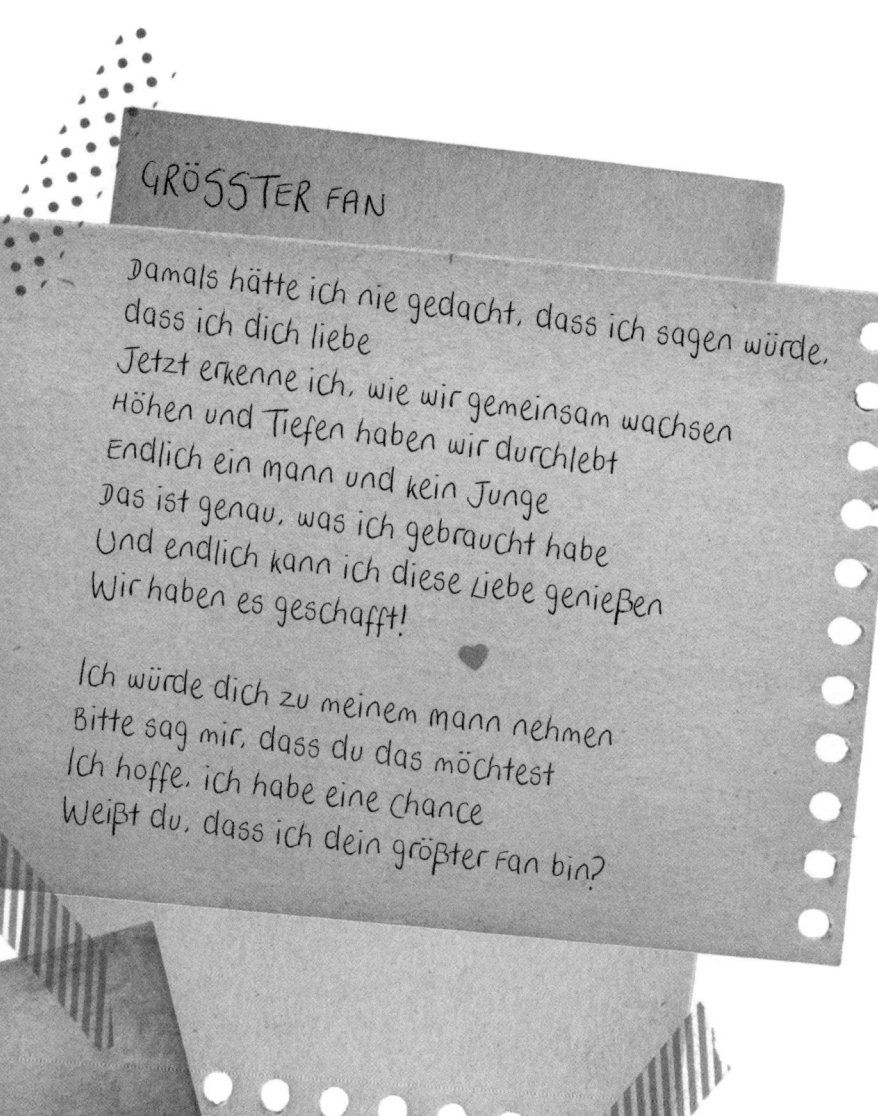

GRÖSSTER FAN

Damals hätte ich nie gedacht, dass ich sagen würde,
dass ich dich liebe
Jetzt erkenne ich, wie wir gemeinsam wachsen
Höhen und Tiefen haben wir durchlebt
Endlich ein Mann und kein Junge
Das ist genau, was ich gebraucht habe
Und endlich kann ich diese Liebe genießen
Wir haben es geschafft!

Ich würde dich zu meinem Mann nehmen
Bitte sag mir, dass du das möchtest
Ich hoffe, ich habe eine Chance
Weißt du, dass ich dein größter Fan bin?

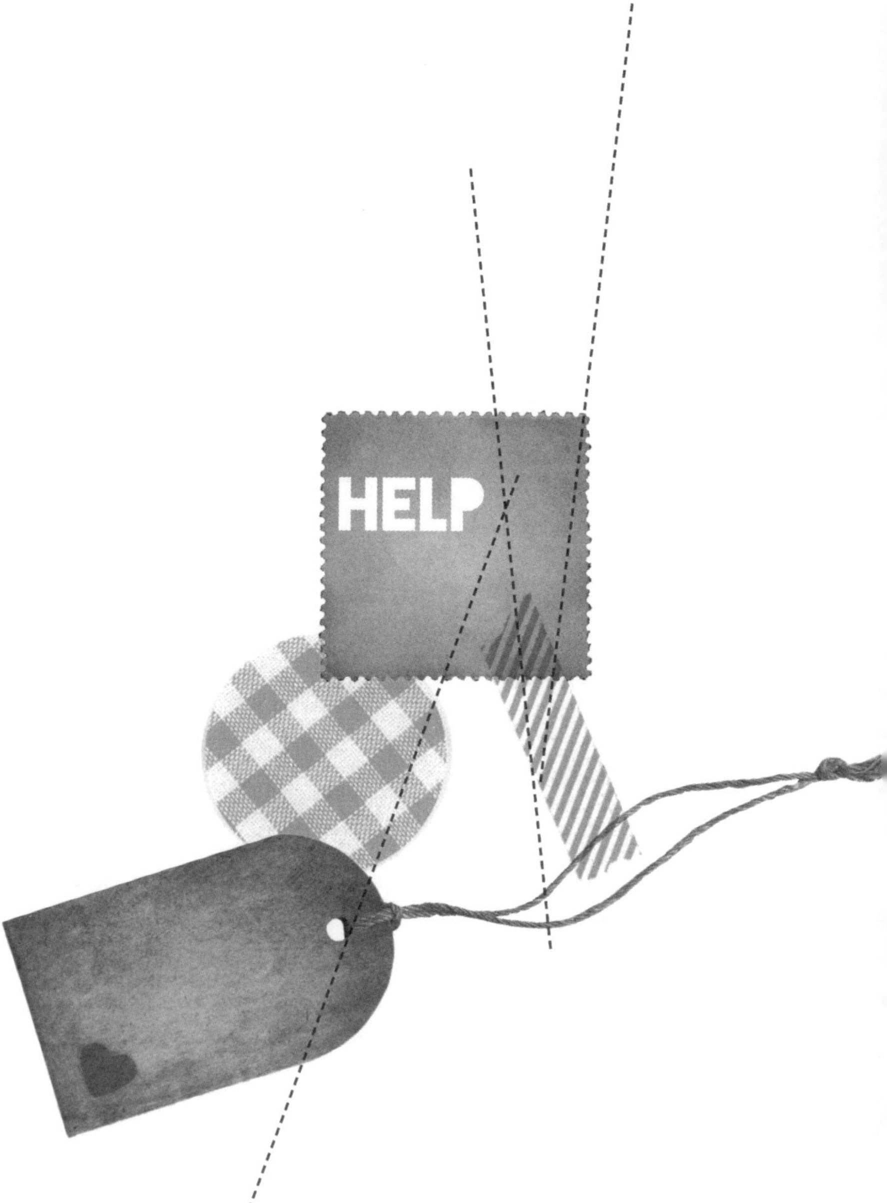
HELP

8. WERDE ICH JE WIEDER SINGEN KÖNNEN?

Kurz nachdem Christoph und ich zusammengekommen waren, zog ich mit Joelle in meine eigene Wohnung. Die Kleine war gerade zwei geworden und sollte in einem Jahr in den Kindergarten gehen. Ich hatte zwar die Zeit genossen, als ich bei meiner Mama wohnte, aber irgendwann kam der Punkt, wo ich als alleinerziehende Mama meine Tochter auch wirklich alleine erziehen wollte. Mir war klar, dass das eine neue Herausforderung sein würde, aber gleichzeitig freute ich mich darauf, das erste Mal in meine eigenen vier Wände zu ziehen.

So wie ich eben bin, nahm ich mir mal wieder viel zu viel auf einmal vor. Ich hatte die perfekte Vorstellung, wie ich als junge Mama, Tochter und Freundin in diesem neuen Lebensabschnitt sein wollte. Eigentlich war ich noch nie der Perfektionist, aber aus irgendwelchen Gründen fing ich an, in diese Richtung zu gehen. Es kam immer wieder dieses Gefühl hoch, dass ich alles besser machen könnte oder sollte und es einfach nie schaffte. Diese Ansprüche habe ich auch heute noch in sehr vielen Bereichen meines Lebens. In unserer Gesellschaft ist das ja leider fast überall so: Es muss schneller und besser werden. Ob in der Schule, in der Arbeit oder als Hausfrau; zumindest empfinde ich das so. Auch mit der

Musik geht's mir so: Gesangsübungen sind zwar wichtig und gut, aber den »perfekten« Gesang gibt es einfach nicht, da das am Ende ja immer Geschmackssache ist.

Wie auch immer, das ist einer meiner wunden Punkte, mit denen ich täglich zu kämpfen habe. Das hat aber alles erst angefangen, als ich Mama wurde, weil ich einfach viel zu viel richtig machen wollte. Man hat ja logischerweise auch eine große Verantwortung für sein Kind. Das soll aber nicht heißen, dass ich nicht gerne diese Verantwortung übernommen habe!

Um es zusammenzufassen: Ich wollte alle glücklich machen und bloß keinen enttäuschen. Das Problem bei der ganzen Sache ist aber, dass es niemals klappen kann, alles perfekt zu machen – zumindest nicht auf Dauer. Jeder Mensch macht nämlich Fehler. Ich hab genau zu diesem Thema neulich ein Lied geschrieben, das »Flawless« heißt.

Ich malte mir die perfekte Mutter und Hausfrau aus und nahm mir vor, alles im Alltag ganz nach Zeitplan abzuarbeiten. Das Schwierige an dieser Herangehensweise war aber, dass diese Vorstellung gar nicht meinem Typ entsprach. Ich werde nie eine dieser Frauen sein, die komplett die Woche durchorganisieren, einen makellosen Haushalt schmeißen und irgendwie alles easy und perfekt aussehen lassen. Ich bin Künstlerin und ein absolut freiheitsliebender Mensch. Alles genau nach Plan durchzuziehen engt mich total ein. Noch dazu läuft eben nicht immer alles nach Plan, wenn man Kinder hat, die auch mal ungeplant krank werden oder bockig sind.

Schon bevor ich auszog, machte ich mir einen Plan, was ich alles gut können wollte. Ich arbeitete an meinen Koch- und Backkünsten, versuchte eine »perfekte« Nachfolgerin Jesu zu sein und wollte bei wichtigen Events oder Zusammenkünften nicht fehlen.

Vielleicht sollte ich noch erwähnen, dass ich einen Mädelshauskreis hatte, der mich ständig im Gebet unterstützte. Das ist so viel wert! Wir konnten uns immer gegenseitig unsere Probleme erzählen, füreinander beten und wöchentlich nachhaken, wie's uns denn geht. Auch gemeinsam in der Bibel zu lesen und über verschiedene Themen zu reden hat mich geistlich weitergebracht. Allerdings waren das alles junge Mädels in meinem Alter ohne Kinder. Ich kannte also keine alleinerziehende Mama im selben Alter, die mit den gleichen Herausforderungen kämpfte.

Alle Mütter, die ich kannte, waren verheiratet und noch dazu viel älter. Ich versuchte krampfhaft, so zu werden wie sie, pickte mir das heraus, was mir gefiel und feilte an dem, was ich meiner Meinung nach besser machte. Dieses ständige Vergleichen macht einen aber einfach nur kaputt! Noch dazu sagt Gott schon in den Zehn Geboten, dass wir nicht das »begehren« sollen, was der andere hat. Ich musste und muss auch heute noch lernen, mich so anzunehmen, wie Gott mich gemacht hat – mit meinen Stärken und Schwächen. Es wird immer etwas zu meckern geben, weil wir eben Menschen sind.

Wie dem auch sei: Leider führte das alles dazu, dass es bei mir wortwörtlich krachte.

2007 war ich eines Tages mit Freunden bei meiner Mama verabredet. Obwohl ich müde und gestresst war, traute ich mich nicht, den Termin abzusagen. Nachdem ich mich also auf den Weg dorthin gemacht hatte und der Nachmittag eigentlich ganz gut verlief, hörte ich plötzlich mitten im Gespräch mit meiner Freundin ein heftiges Dröhnen in meinem linken Ohr. Ich dachte echt, gerade bläst mir jemand mit einem Megafon voll ins Ohr!

Ganz irritiert fragte ich meine Freundin, ob sie das wohl auch höre? Na ja, wie ich eben bin, hab ich versucht, ganz cool zu bleiben und das Geräusch zu ignorieren. Nach einigen Stunden, als der Besuch wieder weg war, merkte ich, dass ich auch nicht mehr geradeaus gehen konnte und so ein komisches Schwindelgefühl hatte. Nachdem ich Christoph in einer SMS mein Hörproblem geschildert hatte, schickte er mich sofort zum Arzt. Er hatte Jahre zuvor mit Tinnitus zu tun gehabt und kannte sich daher ein wenig aus.

Meine Mama fuhr mich zum HNO-Arzt, der einen Hörtest mit mir machte. Dabei stellte er fest, dass ich auf dem einen Ohr absolut nichts hören konnte, und schickte mich sofort in die nächste Klinik. Als Allererstes wurde sogar geprüft, ob ich einen Schlaganfall bekommen hatte. Als das aber ausgeschlossen werden konnte, wollten die Ärzte wissen, ob ich auf einem lauten Konzert gewesen sei oder etwas Schweres gehoben hätte. Zu dem Zeitpunkt fand ich das irgendwie alles total übertrieben und lächerlich und war mir sicher, dass es mir bald wieder besser gehen würde. Aber als einige Ärzte dann ganz ernst miteinander über dieses Phänomen diskutierten, fand ich es plötzlich doch nicht mehr so lächerlich.

Am nächsten Tag wurde ich dann gleich am Ohr operiert, in der Hoffnung, dass man irgendwas finden konnte, was den Hörsturz ausgelöst hatte. Da die Ärzte keinen richtigen Grund dafür finden konnten, war ihre letzte Vermutung, dass der Hörsturz stressbedingt war. Ich und Stress? Auf keinen Fall, es lief doch alles super! Ich hatte meine neue Wohnung, war glücklich, hatte einen tollen Mann an meiner Seite ... Wenn ich jedoch meine Familie gefragt hätte, hätten sie sehr wohl gesagt, dass ich viel zu viel machte. Das ist eben das Blöde: Oft merkt man selbst gar nicht, ob etwas zu viel ist oder nicht, und irgendwann erledigt das der Körper dann für einen und sagt, wann Schluss ist.

Tja, so lag ich da eben von jetzt auf gleich in der Klinik, konnte mit dem linken Ohr nichts außer dieser Sirene hören und versuchte, mich jetzt schon mit dem Gedanken anzufreunden, nie wieder richtig hören zu können. Ich weiß noch, wie ich Christoph aus dem Krankenhaus anrufen wollte, das Telefon an das nicht mehr hörende Ohr legte und mich wunderte, warum denn kein Klingelton kam!

Ich versuche eigentlich immer, das Positive in allen Schwierigkeiten zu sehen, aber diesmal war ich einfach nur geschockt und hatte keine Ahnung, was los war. Nach der OP bekam ich ständig Kortison und andere Mittel verabreicht, die mir helfen sollten, wieder hören zu können. Immer wieder wurden neue Hörtests gemacht, aber es änderte sich so schnell nichts.

Ich ärgere mich bis heute noch, dass ich ein paar Wochen und Monate davor nicht auf Christoph gehört hatte. Immer wieder hatte ich mich über ein kurzes Pfeifen auf dem linken Ohr beschwert, was aber jedes Mal sehr schnell wieder verschwand. Er sagte mir, dass ich doch zur Sicherheit durchblutungsfördernde Tabletten nehmen sollte, aber ich hörte nicht auf ihn. Das war wohl die erste Lektion, dass ich auf meinen Mann hören sollte.

Als ich dann wieder nach Hause durfte und nur noch ambulant mit Infusionen behandelt werden musste, erwarteten mich einige schlaflose Nächte. Das lag aber an der heftigen Dosis an Kortison, die mir verabreicht wurde. Genau an diesem Wochenende hatten wir als Van Dooren Sisters ein Konzert in Wiedenest. Das war das erste Mal, dass ich aus gesundheitlichen Gründen nicht mitmachen konnte – ein total komisches Gefühl, vor allem, weil ich ja nie etwas verpassen wollte. Christoph und meine Mama boten mir zwar beide an, dazubleiben, um mir vor allem auch mit Joelle zu helfen, aber ich wollte nicht, dass sie wegen mir das Konzert verpassten.

Man glaubt gar nicht, wie sehr man doch auf seine beiden Ohren und das Hörvermögen angewiesen ist. Als ich das erste Mal einkaufen war, hätte ich im Supermarkt heulen können vor lauter Störgeräuschen. Ich konnte gar nicht wahrnehmen, was von links oder rechts kam – alles hörte ich jetzt nur mit meinem rechten Ohr.

In einer dieser Nächte, als ich alleine mit Joelle in meiner Wohnung war, konnte ich wieder nicht schlafen, obwohl ich todmüde war. Ich war so fertig mit den Nerven und diesem lauten Geräusch im Ohr. Da saß ich also in meinem Bett und bekam plötzlich diese Panik, so eine Angst, die ich nie zuvor erlebt hatte. Total lähmend! Mir gingen tausend Szenen durch den Kopf, wie ich nie wieder richtig »on-key« singen, also die richtige Tonart treffen würde, meine Schwestern jetzt immer ohne mich auftreten würden und ich womöglich auch noch aus irgendwelchen Gründen mein Gehör auf der rechten Seite verlieren würde. Ein schlimmer Gedanke nach dem nächsten kam mir in den Sinn und ich konnte sie irgendwie nicht stoppen. Ich hab nur noch geheult. Dann fielen mir andere bekannte Musiker ein, wie zum Beispiel Sting und Eric Clapton, die auch nicht mehr gut hören können, und versuchte, mich selber dadurch zu beruhigen. Aber so richtig geholfen hat das nicht.

Mitten in dieser Panik kam mir die Szene in den Kopf, wo Jesus in der Wüste vom Teufel versucht wurde und Jesus ihm mit Bibelstellen standhielt und somit den Sieg gegen ihn errang. Da hab ich mir gleich meine Bibel geschnappt und diese Geschichte gelesen (Matthäus 4,1-11). Vers 4 ist bei mir sofort hängen geblieben:

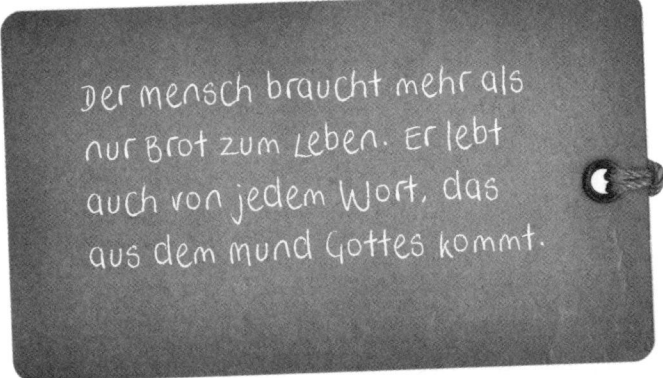

Der mensch braucht mehr als nur Brot zum Leben. Er lebt auch von jedem Wort, das aus dem mund Gottes kommt.

Wie aus der Pistole geschossen kam mir diese Zeile in den Kopf: »Your word is like food for my soul!« Das Lied dazu entstand in dieser Nacht. Ich fragte mich, warum Gott das alles erlaubte, wenn er doch eigentlich wollte, dass ich ihm zur Ehre singe? Gott nutzte diese Bibelstelle, um mir zu sagen, dass das Allerwichtigste in meinem Leben nicht die Musik oder sonst was sein soll, sondern alleine die Beziehung zu ihm. *Er* will meine tägliche »Nahrung« sein, die Quelle, von der ich nie genug bekommen kann, und er ist das Brot des Lebens. Es ist einfach der Wahnsinn, wie Gott durch die Bibel zu einem sprechen kann, selbst wenn keiner sonst da ist.

Gottes Wort ist eigentlich so klar und einfach und spricht in jegliche Situation hinein, wenn wir einfach mal ab und zu lesen und bei ihm die Antworten suchen würden! Statt mich mit meiner Angst zu beschäftigen, merkte ich, wie der Heilige Geist meine Gedanken in eine ganz andere Richtung lenkte, nämlich in die Bibel. Mir hilft es bis heute noch, Bibelstellen laut zu lesen, wenn ich nicht mit den Gedanken beim Lesen abschweifen will. Und das hilft mir auch, wirklich zu hören, was ich lese.

Die Liedtexte flossen nur so aus mir heraus. Dass Jesus genau wusste, wie ich mich fühlte, machte mir Mut. Er wollte mich daran erinnern, dass es hier nicht um mein Gehör ging, sondern um die Erfahrung, Gott als meine Hoffnung und meinen Trost zu erleben.

Ein oder zwei Tage später konnte ich links sogar ein bisschen hören. Für mich war das ein totales Wunder, selbst wenn man sagt, dass in 80% aller Fälle das Gehör nach einem Hörsturz wiederkommt. Ich rief sofort Christoph und meine Schwestern an und berichtete davon; schließlich hatten sie auch sehr viel für mich gebetet.

Nach und nach konnte ich immer besser hören, aber seit ungefähr einem Jahr nach dem Hörsturz hat sich nichts mehr verändert. Ich gewöhnte mich recht schnell an das Hören mit nur einem guten Ohr, denke aber trotzdem, dass ich früher weniger »schief« gesungen habe, weil ich einfach insgesamt besser hören konnte. Aber alles in allem kann ich mit dem Hörverlust trotzdem Musik machen und habe durch die Situation ein Lied und eine lehrreiche Erfahrung gewonnen.

Ich habe nach wie vor ein leichtes Rauschen im Ohr, aber kein Pfeifen, was gut ist. Und einen Vorteil hat's: Egal, wie laut es um mich herum ist, wenn ich mich aufs rechte Ohr lege, höre ich so gut wie nichts – super also zum Schlafen! Mein HNO-Arzt hat mir letztes Jahr empfohlen, ein Hörgerät zu besorgen, damit ich wenigstens ein bisschen mehr Orientierung beim Hören habe. Das hilft nur ein wenig, aber besser als nichts. Mittlerweile ist mein Ohr auch zu meinem inneren Alarmsignal geworden. Wenn mich nämlich doch etwas stresst oder mir zu viel wird, pfeift es ganz ordentlich. Dann weiß ich wenigstens, dass etwas nicht stimmt. Nach dieser Erfahrung versuchte ich zu gucken, was ich in meinem Alltag ändern sollte. Das Doofe ist nur, dass der meiste Stress, den ich hatte, von mir selber kam. Also nicht von den Dingen, die ich tat, sondern davon, was dabei alles in meinem Kopf vorging. Eben diese Vergleiche, von denen ich am Anfang des Kapitels erzählt habe.

Nachdem ich mich etwas von der Situation erholt und auskuriert hatte, musste ich mir Gedanken machen, wie es bei mir beruflich weitergehen sollte, wenn Joelle in den Kindergarten kommen würde. Wie sich dieses Problem löste war auch ein totales Wunder für mich.

Ich machte mir monatelang Gedanken, ob ich denn wieder in die H&M-Filiale zurückkehren sollte, wo ich als Letztes gearbeitet hatte, und wenn ja, ob ich denn überhaupt die Arbeitszeiten bekommen würde, die ich jetzt als Alleinerziehende brauchte. Früher habe ich viele Spät- und Wochenendschichten übernommen, aber das geht als Mama einfach nicht. Doch Gott kannte meine Sorgen und erhörte meine Gebete.

Als meine Schwester Miriam heiratete, traf ich eine ehemalige Arbeitskollegin, die auch zur Hochzeit eingeladen war, und wir quatschten über meinen neuen Arbeitseinstieg. Sie erzählte mir, dass sie jetzt die Chefin einer »COS«-Filiale in München sei, einem Fashionkonzept von H&M, wo sie mich gerne mit im Team haben wolle. Ich erklärte ihr gleich, dass das mit meinen Arbeitszeiten eventuell ein Problem sein könnte, aber sie meinte, das sei keins: Ich könne dort eine Stelle als flexible Arbeitskraft bekommen. Ich hatte ja keine Ahnung, dass es diesen Laden überhaupt gab, da ich nur noch selten in der Stadt war. Aber Gott kann echt so kreativ sein, wie er Gebete erhört!

Ich sah mir also das Geschäft an und hatte erst einmal Bedenken, dass es mir dort zu langweilig sein würde, da ich ja den H&M-Stress gewöhnt war. Gleichzeitig dachte ich aber auch, dass weniger Stress mir guttun würde angesichts der Tatsache, dass ich ja nach dem Kindergarten noch Joelle hatte. Ich fing also an dort zu arbeiten und fühlte mich ziemlich schnell so richtig heimisch. Das war wieder ein riesiges Geschenk. Gott kümmerte sich um die ganze Angelegenheit und ich hatte mir mal wieder umsonst Sorgen gemacht – und was lernt man daraus?

Überlasst all eure Sorgen Gott, denn er sorgt sich um alles, was euch betrifft!
(1.Petrus 5,7).

FOOD FOR MY SOUL

In the night on my bed I struggle
Crying out all my fears, I crumble
But then one thought, picture you in the desert
How you fought, knew the word and said

»man does not live on bread alone
But on every word that comes from the mouth of God«

It's like food for my soul, your word, your word is enough!

NAHRUNG FÜR MEINE SEELE

Nachts in meinem Bett kämpfe ich
mit meinen Ängsten, ich breche zusammen
Doch dann kommt ein Gedanke,
ich sehe dich in der Wüste,
wie du gekämpft hast
und Gottes Wort kanntest:

>>Der Mensch braucht mehr
als nur Brot zum Leben.
Er lebt auch von jedem Wort,
das aus dem Mund Gottes kommt<<

Dein Wort ist wie Nahrung für meine Seele,
dein Wort reicht aus!

9. SOLO UNTERWEGS

Ihr erinnert euch: Nachdem wir beschlossen hatten, mit den Van Dooren Sisters erst einmal aufzuhören, stand bei mir die Frage offen, wie es jetzt denn musikalisch bei mir weitergehen sollte. Mittlerweile hatte ich viele neue Lieder und immer noch den Wunsch, ein Album als Solokünstlerin zu machen. Aber als Allererstes wollte ich, neben meiner Arbeit als Verkäuferin, einfach als Sängerin arbeiten können.

Ich bekam in der Zeit ein paar coole Aufträge. Zum Beispiel durfte ich an der CD *Praise 4 Kids 2* mit Thomas Enns mitwirken und bei *Wann immer der Regen fällt* von Lukas Jacobi. Da meine Mama mich bis zu dem Zeitpunkt, als wir als Band aufhörten, immer gemanagt hatte, kannte ich ja nur die Künstlerseite des Musikerlebens. Aber ich wollte auch lernen, wie es ist, sich selbst um alles Geschäftliche zu kümmern. Als jüngste von fünf Schwestern hatte ich sowieso immer das Gefühl, nie komplett gelernt zu haben, Dinge selbstständig in die Hand zu nehmen. Das ist bis heute eine meiner vielen Schwächen: Diese Angst, etwas falsch zu machen oder von anderen nicht ernst genommen zu werden.

Ich hatte jetzt ja quasi nichts zu verlieren und versuchte einfach, kräftig Werbung für mich als Sängerin zu machen: mit meiner ersten eigenen Website. Ich fing an, YouTube-Clips mit Coversongs aufzunehmen und irgendwann kam dann auch eine Anfrage einer Coverband, ob ich Lust hätte, ab und zu als Zweitbesetzung mitzumachen. Zuerst war's total lustig, aber nachdem ich dann auf dem Oktoberfest gesungen hatte, stellte ich relativ schnell fest, dass das einfach nicht mein Ding ist. Ich bin viel zu R&B-geprägt. Diese ganzen Rock- oder sogar Schlagersongs lagen mir einfach nicht und es gab nur wenige Lieder, die mir auch wirklich Spaß machten. Unter anderem hatte die Band auch Lieder wie »I kissed a girl« oder »Highway to hell« im Repertoire, was für mich schon ein Problem darstellte. Ich glaube, vielen ist überhaupt nicht bewusst, was viele englische Songtexte überhaupt bedeuten. Meistens geht es um Sex und das zu tun, worauf man Lust hat, egal was es ist. Da könnte ich jetzt bestimmt eine Seite füllen mit bekannten Liedern aus den Charts, die genau das aussagen. Als ich also die Songliste der Band durchging und »I kissed a girl« entdeckte, musste ich erst mal schlucken. *Was soll ich denn jetzt machen?*, schoss es mir durch den Kopf. *So eine Botschaft will ich gar nicht verbreiten.* Natürlich kann man sagen, dass das ja nur ein Lied ist, aber will ich wirklich so etwas singen, um das Publikum zu entertainen? Ich nahm meinen ganzen Mut zusammen und rief den Bandleiter an. Als ich auch nur den Titel des Songs erwähnte, sagte er schon: »Den haben wir aus dem Programm genommen.« Puh, war ich erleichtert! Somit war mir ein unangenehmes Gespräch erspart geblieben.

Bei einem Auftritt musste ich dann aber tatsächlich »Highway to hell« singen. Was sollte ich tun? Ich dichtete kurzerhand den Text der Strophen ein wenig um. Doch während des Auftritts wurden mir plötzlich, ohne dass ich das vorher gewusst hätte, als »Gag« Teufelshörner auf den Kopf gesetzt. Da wusste ich, dass meine persönlichen Grenzen jetzt definitiv überschritten waren. Ich rief also wieder den Leiter der Band an und bat ihn darum, dass ich wenigstens nicht mehr diese komischen Hörner anziehen musste. Ich erklärte ihm, warum mir der Song überhaupt nicht liegt, aber ich vermute, er hatte keinen blassen Schimmer, was mein Problem war und fand das bestimmt viel zu übertrieben.

Als ich dann für das Oktoberfest für ein paar Auftritte gebucht wurde, war ich seltsamerweise bei jedem Auftritt krank und heiser. Ich konnte nicht absagen, da auch die andere Sängerin krank war, daher half mir Gott, das irgendwie hinzukriegen. Aber mir zeigte das: Gott wollte nicht, dass ich da mitmache. Ich bin nämlich normalerweise so gut wie nie heiser oder krank bei Auftritten. Ich beschloss also für mich, dass ich nicht mehr mitmachen würde. Mein Gebetsanliegen war, dass sie mich einfach nicht mehr buchen würden, damit ich nicht noch ein unangenehmes Gespräch führen musste. Und genau so kam es dann auch. Ich glaube, beide Seiten hatten erkannt, dass ich für diese Art der Musik nicht die Richtige bin. Mein Auftritt auf dem Oktoberfest war übrigens die erste Gelegenheit, bei der ich ein Dirndl trug – und das als Münchnerin! Das Ganze verbuchte ich als interessante Erfahrung und hatte somit die Antwort darauf, ob ich als Sängerin in einer Rock/Pop-Coverband arbeiten wollte: Nein.

Während dieser Zeit fing ich an, wieder Gesangsunterricht zu nehmen, um mich stimmlich weiterzuentwickeln. Bisher hatte ich ja nur Erfahrungen und Unterricht im Popbereich bekommen. Dieses Mal wollte ich eine neue Erfahrung machen: Ich nahm Unterricht bei einer Opernsängerin. Das begeisterte mich total. Ich durfte Stücke wie »Ave Maria« und »Sebben, crudele« einüben. Kurz darauf durfte ich für eine private CD-Aufnahme außerdem das bekannte Duett »Das Phantom der Oper« aus dem gleichnamigen Musical aufnehmen, was auch eine ganze neue Erfahrung für mich war.

Hier durfte ich auf der Hochzeit einer guten Freundin auf Mallorca singen.

Wieder mal auf einer Hochzeit mit einem lieben Freund und Musiker, mit dem ich schon seit Jahren musiziere.

Irgendwann erinnerte ich mich auch wieder an den Produzenten, den wir bei der Einspielung der Christival-Swing-CD kennengelernt hatten, Samuel Jersak, auch als Sammy bekannt. Ich rief ihn an und wir quatschten ein wenig darüber, wie ich mir denn die neuen Songs und die Musikrichtung vorgestellt hatte und was meine Vision für meine Musik ist: nämlich Pop/R & B-Songs mit christlichen Texten.

Ich selber höre leider so gut wie nie christliche Musik, da sie ja meistens eher rocklastig oder Singer-Songwriter-Musik ist oder eben diesen Worship-Stil hat. Ab und zu gefällt mir das auch und ich habe auch solche CDs. Aber wenn ich ganz nach meinem Geschmack Musik aussuche oder CDs kaufe, dann sind das CDs von Rihanna, Brandy, Taylor Swift, John Mayer, Lady Gaga und vielen anderen. Daher hatte ich nach wie vor den Wunsch, dass es endlich mal eine CD auf dem christlichen Markt geben sollte, die sich vielleicht eben diejenigen kaufen würden, die sonst genau wie ich nicht-christliche Musik hören.

Ich weiß ja selber, welchen zum Teil schlechten Einfluss die nicht-christlichen Texte dieser Art von Musik auf mein Leben gehabt haben, daher bin ich auch vorsichtig damit, welche Musik meine Tochter hört. Und wo wir gerade dabei sind: Die christlichen Kinder-CDs gefallen mir sogar oft besser als die für Erwachsene ... Das ist also die christliche Musik, die bei uns zu Hause am meisten gehört wird.

Der Produzent und ich fingen also ganz unverbindlich an, zusammen Musik zu machen. Das ist heutzutage total cool: Man kann an einem Projekt arbeiten, ohne tatsächlich gemeinsam im Studio zu sein. Ich nahm meine neuen Songs zu Hause auf und mailte ihm einfach immer die neuen Sachen. Er wiederum bearbeitete die Musik und schickte sie mir zurück. So ging das hin und her. Ich muss ehrlich gestehen, dass ich sehr skeptisch war, ob mir denn gefallen würde, was er an Musik produzierte, da er eigentlich Jazzklavier studiert hat. Schon oft genug hatte ich erlebt, wie ich versucht hatte, meine klare Musikvorstellung Produzenten mitzuteilen, die dann etwas mit meiner Musik machten, was mir überhaupt nicht gefiel. Wie kann man so etwas richtig vermitteln? Das fand ich schon immer schwierig. Daher war ich nervös und gespannt zugleich, ob dieser neue Produzent meine Musikvorstellung verstand. Zu meiner großen Überraschung schickte er mir ziemlich coole Tracks zurück, sodass ich total motiviert war, mit ihm zusammenzuarbeiten. Einer der ersten Songs, die wir gemeinsam fertigstellten, war »Scream«. Bei diesem Lied bekam ich von ihm zunächst einen »Instrumental Track«, also die reine Begleitung, und ich dachte mir Melodie und Text dazu aus.

Christoph unterstützte mich von Anfang an und ermutigte mich, weiterhin Musik zu machen. Daher kam er auch mit ins Studio. Unser gemeinsames Ziel war es, mit den Songs ein Album veröffentlichen zu können – die Frage war nur: wie und mit welcher Plattenfirma? Gott sei Dank stand ich nicht unter Zeitdruck, irgendwelche Entscheidungen schnell treffen zu müssen, und zusätzlich hatte ich ja auch zu Hause keine Langeweile.

Irgendwann fragte mich Sammy, ob ich nicht für seine eigene Jazzplatte Songs schreiben und einsingen wollte. Bis dahin hatte ich nur Songs für die Van Dooren Sisters und Nu Company geschrieben, hatte aber große Lust, auch etwas in Richtung Jazz auszuprobieren. Auch hier schickte er mir die Instrumentalstücke und ich durfte mir selber etwas dazu ausdenken. So etwas liebe ich ja: neue musikalische Herausforderungen, bei denen ich so tun kann, als hätte ich nie einen anderen Musikstil gemacht! Beim Einsingen der Songs stellte ich mir einfach vor, wie ich im schwarzen Abendkleid in einer verrauchten Pianobar am Flügel saß, ganz lässig ein Retro-Mikrofon in der Hand. Das war für mich mal wieder ein Riesenspaß und ich wünschte, ich hätte öfter die Gelegenheit, als Sängerin ab und zu verschiedene Stilrichtungen auszuprobieren.

Als Sammy dann sein »Release«-Konzert der CD im Mannheimer Schloss hatte, durfte ich mit seiner Band in einem wunderschönen

Saal die Lieder präsentieren. Ihr könnt euch gar nicht vorstellen, wie ich mir vor lauter Aufregung fast in die Hosen gemacht hab! Ich bekam zusätzlich eine Backgroundsängerin für die zwei Songs, die meiner Meinung nach besser singen konnte als ich – Hilfe! Ich weiß noch, wie ich Stunden vor dem Auftritt wieder total am Zweifeln war, warum ich denn überhaupt singe! *Es gibt so viele Sängerinnen, die besser sind als ich. Ich glaube, ich sollte es am besten ganz sein lassen,* meldete sich der Zweifel in meinem Kopf. Vielleicht denkt ihr euch jetzt, dass ich total spinne, mir solche Gedanken zu machen. Aber diese Gedanken kommen einfach immer wieder und werden wahrscheinlich auch nie verschwinden. Einerseits ist das gut, da ich so immer am Boden bleibe, aber andererseits lähmen sie mich einfach oft vor Konzerten, sodass ich in Panik gerate. Christoph erlebte das ja alles live mit und versuchte, mich zu beruhigen und zu ermutigen. Aber ich wollte einfach nur auf die Bühne, um dann hoffentlich alles zu vergessen und den Moment dort oben zu genießen. Sobald ich nämlich auf der Bühne bin, vergesse ich tatsächlich alle Ängste und hab unglaublich viel Spaß am Singen und daran, das Publikum zu sehen. Der Auftritt verlief super und ich hatte mir wie immer umsonst Sorgen gemacht. Aber auch diese Zweifelattacken helfen mir, mich immer wieder neu auf Gott zu verlassen und zu sehen, wie er mir bei diesen Herausforderungen beisteht.

Das war der Vorteil als ich mit meinen Schwestern unterwegs war: Ich war nie alleine für alles verantwortlich, sondern wir sind zu fünft auf die Bühne gegangen und ich musste nicht alleine das Publikum unterhalten.

Ich hatte oft Markus Witzgall, einen sehr begabten Gitarristen und Songwriter, bei seinen Konzerten gesanglich begleitet und als 2010 endlich sein Wunsch, ein Album zu veröffentlichen, in Erfüllung ging, durfte ich ihn bei einem Lied auf der CD begleiten. Als ich seine CD dann in der Hand hielt, wurde mir wieder bewusst, dass Gott für jeden Musiker einen anderen Plan hat. Ich hatte ja den gleichen Wunsch, hatte aber bisher noch kein eigenes Album. Es war zwar schon der totale Hammer, dass ich überhaupt mit meinen Schwestern ein Album machen durfte. Aber den Wunsch nach einer ganz eigenen CD hatte ich, seit ich ungefähr zwölf war oder sogar noch früher.

Man kann nun entweder eifersüchtig oder traurig darüber sein, wenn andere das haben, was man sich selbst schon lange wünscht. Das Einzige, was mir aus diesen Gedanken hilft, ist Gott zu vertrauen. Sich daran zu erinnern, dass er einen ganz bestimmten Plan für mich hat, der nichts mit dem eines anderen zu tun hat und auch nicht schlechter ist. Eine Sache, die ich schon seit Jahren mache und die mir immer hilft, ist, all die Dinge, die Gott mir schenkt, aufzuschreiben. Gebetserhörungen oder auch ganz banale Dinge wie ein warmes Zuhause. Das sind alles Dinge, die nicht selbstverständlich sind. Auch dass ich überhaupt Kleidung oder Essen habe, ist ein Geschenk. Wenn ich dann total down bin, kann ich mir diese langen Listen durchlesen und mich daran erinnern, was Gott alles Tolles für mich tut, und zwar jeden Tag! Eine andere Methode, die mir auch immer schon geholfen hat, ist, sich einfach auf die Dinge zu konzentrieren, die Gott mir eben *jetzt* zu tun gegeben hat, statt davon zu träumen, wie es jetzt wäre, wenn ich zum Beispiel im Studio oder auf der Bühne mit meinem Projekt wäre. Früher konnte ich nie auf ein Konzert gehen oder mir Castingshows ansehen, ohne frustriert und traurig darüber zu sein, dass ich noch nicht diesen Durchbruch als Solokünstlerin hatte. Aber mittlerweile macht mir das gar nichts mehr aus, weil ich gelernt habe, mit dem zufrieden zu sein, was ich habe, statt mich ständig nach Dingen zu sehnen, die ich nicht habe. Ich weiß noch, wie schwer es mir damals fiel, zuzusehen, wie Leona Lewis die Castingshow in England gewann. Total blöd eigentlich: Da war ich, hatte eine süße Tochter, einen tollen Mann an meiner Seite, mir ging's auch sonst gut und doch war ich eifersüchtig, obwohl Leona eine hammermäßige Sängerin ist und es voll verdient hatte zu gewinnen.

Da ich ja an dem Punkt war, wo ich einfach einige neue Dinge als Sängerin ausprobieren wollte, überredete mich Sammy, zur Castingshow *Unser Star für Oslo* von Stefan Raab zu gehen. Als ich dort antrat, war ich mal wieder total aufgeregt! Da nützte es auch nichts, dass Christoph dabei war. Ich bekam eine Nummer auf meine Kleidung geklebt und musste dann mit vielen anderen darauf warten, bis ich aufgerufen wurde. Ehrlich, Leute, mir war ganz schlecht vor Aufregung! Ich hasse einfach diese »Konkurrenzkämpfe« und wenn ich irgendwen davon überzeugen muss, dass ich wirklich singen kann. Ich bin auch ganz bestimmt nicht der Typ Kandidat, der während der Wartezeit singt und jedem vormacht, wie toll er ist. Ich unterhielt mich während des Wartens lediglich mit einer anderen Kandidatin und ihrer Mama.

Als ich dann nach langem Warten endlich aufgerufen wurde, musste ich in so ein kleines Studio mit Kamera gehen, wo ein paar Typen herumstanden, und dann sang ich »Paparazzi« von Lady Gaga a cappella. Es kam nur ein knappes »Danke« und schon war ich wieder draußen. Es ging alles wahnsinnig schnell. Nach dem Vorsingen hatte ich schon kein gutes Gefühl. Und tatsächlich kam ich nicht in die nächste Runde.

Als Nächstes erzählte mir Miriam von dem Casting von *X Factor* in München. Eigentlich hatte ich keine Lust, wieder zu einem Casting zu gehen, aber da ich es wenigstens probieren wollte, ging ich doch hin. Ich bereitete einige Lieder vor, darunter auch eins meiner eigenen, »Precious«, das auch auf meinem Album *Not afraid* zu finden ist. Dieses Mal ging ich aber viel lockerer zum Casting. Als ich dann an der Reihe war, ließen sie mich bestimmt drei verschiedene Songs vorsingen, die ich meiner Meinung nach sehr gut sang. Trotzdem kam ich nicht weiter.

Das Blöde bei diesen TV Shows ist, dass sie nicht einfach nur nach guten Sängern suchen, sondern schon ein ganz bestimmtes Konzept im Kopf haben. Entweder man hat »Glück« und passt in ihre Vorstellungen oder eben nicht. Das hat gar nichts damit zu tun, ob man eine gute Künstlerin ist oder nicht. Na gut, ab und zu sind auch grottenschlechte dabei, die es tatsächlich nicht verdienen weiterzukommen. Aber im Fernsehen geht's lediglich um Entertainment, daher schaffen's dann oft die, die eigentlich gar nicht wirklich singen können. Das nervt mich oft total. Ich war schon enttäuscht, nicht weitergekommen zu sein, daher beschloss ich nach diesen zwei Castingerlebnissen, nicht mehr auf weitere zu gehen. Ich fand mich einfach damit ab, dass Gott wohl etwas anderes mit mir vorhatte. Noch dazu kam ein weiterer Faktor: Obwohl mein Mann voll hinter mir und meiner Musik steht, hatten wir eigentlich von Anfang an darüber gesprochen, dass die Familie an erster Stelle stehen sollte. Das war uns beiden sehr wichtig. Selbst wenn ich bei einer Castingshow angenommen worden wäre und im besten Fall gewonnen hätte, hätte ich nicht beides, Familie und Karriere, zu 100 Prozent gut machen können. Ich finde es nicht verkehrt, wenn man als Mama arbeitet und sich gleichzeitig um die Kinder kümmert, aber »berühmt« zu sein hat noch mal ganz andere Dimensionen, auf die ich eigentlich gar keine Lust habe. Zum Beispiel von den Medien auch im Privatleben beobachtet und kommentiert zu werden. Darauf hätte ich keine Lust! Es wurde also zu meinem Wunsch, als Künstlerin lediglich so viele Jobs oder Auftritte zu haben, dass ich noch genug Zeit für die Familie habe.

2011 wurde ich angefragt, bei der CD *Feiert Jesus! Energy 2* mitzuwirken. Ich glaube, das war bisher mein coolster Job in der christlichen Szene. Endlich mal Songs und Musik, die mir gefielen und bei denen ich riesigen Spaß hatte, sie im Studio einzusingen. Das gab mir Hoffnung, dass es vielleicht noch mehr CDs in diesem Musikstil geben würde. Das ist gerade mal anderthalb Jahre her und ich weiß noch, wie ich mit Dennis Thielmann, dem Produzenten der CD, und seiner Frau über meine Musik sprach und warum ich denn noch keine eigene CD habe. Das brachte mich wieder ins Nachdenken und motivierte mich, das Träumen nicht ganz aufzugeben.

Obwohl ich hier und da tolle Aufträge als Sängerin bekam und auch zufriedene Auftraggeber hatte, die gerne mit mir zusammenarbeiteten, kam ich immer wieder ins Zweifeln, worauf ich denn hinarbeiten sollte. Ich war noch nie der Typ, der sich ein Ziel in den Kopf setzt und dann verbissen darauf hinarbeitet, zumindest was Lebensziele angeht. Ich finde das total bewundernswert, wenn ein Künstler ständig neue Songs schreibt und Konzerte gibt, auch wenn es nicht erfolgreich läuft. Meine Denkweise war immer so: Warum sollte ich mir die Mühe machen, neue Lieder zu schreiben und aufzunehmen, wenn es sowieso keinen interessiert und sie auch keiner zu hören bekommt? Christoph hat mich immer wieder daran erinnert, wie faul ich doch bin und dass ich mal meinen Hintern hochkriegen und an meiner Musik arbeiten soll, auch wenn ich keinen Anruf bekomme, ein Konzert in der Olympiahalle in München zu geben ... Ich bin einfach keine Kämpfernatur und werde es leider womöglich auch nie sein. Aber wisst ihr was? Gott weiß das auch und hat wohl großes Erbarmen mit mir, da auch ohne mein großes Dazutun oft neue Angebote auf mich zukamen.

Oft habe ich erlebt, dass Dinge, um die ich kämpfte, nicht geklappt haben. Im Gegenteil: Wenn ich nichts getan habe, sondern versucht habe, lediglich Gott zu vertrauen, dass er mich schon dorthin führen wird, wo er mich haben will, dann bekam ich aus irgendwelchen Ecken coole Angebote, die mich wiederum ermutigten, meine Gaben nicht komplett im Sand zu verbuddeln.

Vor ungefähr einem Jahr erinnerte mich mein Mann an dieses Gleichnis aus der Bibel:

Ein vornehmer Mann wurde in ein fernes Land gerufen, um dort zum König gekrönt zu werden. Danach wollte er wieder zurückkehren. Vor seiner Abreise rief er zehn Diener zu sich und gab ihnen zehn Pfund Silber, mit denen sie in seiner Abwesenheit handeln sollten.

Aber sein Volk hasste ihn und sandte ihm eine Abordnung nach, um ihm sagen zu lassen, dass sie ihn nicht zum König haben wollten.

Als er zurückkam, ließ der König die Diener kommen, denen er das Geld gegeben hatte. Er wollte erfahren, was sie mit dem Geld angefangen und welche Erträge sie erzielt hatten. Der erste Diener berichtete: »Herr, ich habe die ursprüngliche Summe verzehnfacht! « »Gut gemacht«, rief der König. »Du bist ein vertrauenswürdiger Diener. Du warst mit dem wenigen treu, das ich dir anvertraut habe; deshalb werde ich dich zur Belohnung als Statthalter über zehn Städte setzen.« Der nächste Diener meldete: »Herr, ich habe das Fünffache des ursprünglichen Betrags erwirtschaftet.« »Gut gemacht«, sagte der König. »Du kannst Statthalter über fünf Städte sein.« Der dritte Diener aber übergab ihm nur die ursprüngliche Summe und erklärte: »Ich habe es versteckt und sicher aufbewahrt. Ich hatte Angst, weil du ein so strenger Mann bist; du nimmst, was dir nicht gehört, und erntest, was du nicht gesät hast.« »Du schlechter Diener!«, fuhr der König ihn an. »Streng soll ich sein? Wenn du mich so gut kanntest und wusstest, wie streng ich bin, warum hast du das Geld dann nicht auf eine Bank gebracht, damit ich wenigstens Zinsen erhalten hätte?« Darauf wandte der König sich an die Umstehenden und befahl: »Nehmt diesem Diener das Geld ab und gebt es dem, der seinen Anteil verzehnfacht hat.«

»Aber, Herr«, wandten sie ein, »dieser Diener hat doch schon genug!« »Ja«, entgegnete der König, »aber denen, die ihren Anteil gut nutzen, wird noch mehr gegeben werden. Denen jedoch, die nicht treu damit umgehen, wird auch das wenige, das sie haben, noch genommen werden.«
(Lukas 19,11-26)

Mal wieder sprach Gott direkt durch sein Wort zu mir und das traf mich mitten ins Herz! Hier wartete ich auf irgendeinen großen Durchbruch und verschwendete viele Abende damit, vor mich hin zu träumen oder darüber traurig zu sein, dass meiner Meinung nach nichts Großes mit meinen musikalischen Talenten passierte. Ich beschloss also, ganz aktiv die Chance zu nutzen, um mehr in der Gemeinde zu singen. Früher machte ich das einfach so nebenbei, wenn ich mal Zeit hatte. Aber ganz bewusst die Einstellung zu haben, dass ich meine Gaben für Jesus in seiner Gemeinde einsetze, war für mich ein neuer Ansporn. Ich entschied mich, damit zufrieden zu sein, dass ich eventuell immer »nur« in der Gemeinde singen würde und eben nicht auf großen Bühnen.

Gerade in dieser Zeit beschlossen mein Mann und ich, in die neue Tochtergemeinde unserer FeG zu gehen und dort aktiv mitzuarbeiten. Ich hatte also gleich die Möglichkeit, mich mit meinen Begabungen einzusetzen.

Christoph und ich hatten unzählige und für mich schmerzhafte Gespräche über meine Begabungen und Musik. Da traf er einen wunden Punkt in meinem Leben, über den ich am liebsten gar nicht gesprochen hätte. Vor allem wollte ich keine Korrektur meiner falschen Vorstellungen. Aber da kennt mein Mann kein Pardon, was in dem Fall auch gut so ist! Ich lebe nämlich immer mit dieser Angst davor, etwas zu wagen. Ich will keine Fehler machen, also mache ich gar nichts, was einfach nur schwachsinnig ist. Vor allem wenn man weiß, welche Gaben Gott einem gegeben hat.

Trotz dieses neuen Schwerpunkts in meinem Leben, was die Musik angeht, bekam ich letztes Jahr die Möglichkeit mit vielen begabten, christlichen Musikern ein Konzert in der Schweiz zu geben. Dort durfte ich das erste Mal mit einer Band Lieder aufführen, die ich mir ausgesucht hatte. Unter anderem war »Food for my soul« mit dabei. Ist doch cool, was Gott einem schenkt, wenn man sich bewusst auf ihn einlässt und sich von seinem Wort verbessern lässt!

P·R·I·N·C·E·S·S·

can't wait 'til I get to see my king
For him I hope I'll get to sing
Until then I'm gonna let light shine
I'll run that race 'til the finish line

I am a princess
my daddy's a king
I am a princess
To him I cling, cling, cling
I am a princess
my daddy's a king
I am a princess
Under his wings

P·R·I·N·Z·E·S·S·I·N·

Ich kann es kaum erwarten meinen
König zu sehen
Hoffentlich darf ich dann für ihn singen
Bis dahin werde ich das Licht leuchten
lassen
Ich werde den Wettlauf bis zum Ziel
laufen

Ich bin eine Prinzessin
mein Papa ist ein König
Ich bin eine Prinzessin
An ihn klammere ich mich
Ich bin eine Prinzessin
mein Papa ist ein König
Ich bin eine Prinzessin
Unter seinen Fittichen

10. EINFACH NUR KRASS...

Obwohl mein Mann und ich einen Ehevorbereitungskurs besuchten und wir uns gut kannten, war die Praxis dann doch anders als die Theorie. Das erste halbe Jahr unserer Ehe empfand ich als anstrengend, weil ich das Zusammenleben total unterschätzt hatte. Wir waren ja nicht, wie bei einem »normalen« Ehestart, zu zweit, sondern gleich zu dritt. Mutter, Ehefrau und berufstätig zu sein war eine riesige Herausforderung, zumal man sich ja erst einmal mit den ganzen Terminen organisieren muss.

Noch dazu bin ich ziemlich ordentlich und für mich hat eben alles seinen Platz. Das habe ich bis heute meinem Mann nicht beibringen können, haha!

Meine Schwester Miriam besuchte uns für ein paar Tage und bemerkte dabei, wie viel ich arbeitete. Als sie mich darauf aufmerksam machte, fragte ich mich, warum in meinem Leben alles so stressig verlief. Ich merkte aber mal wieder nicht, dass ich Abstriche machen sollte. Meine Schwester schlug vor, dass ich einfach weniger Tage im Verkauf arbeiten solle. Gesagt, getan. Das machte einen Riesenunterschied! Natürlich ist das nicht immer eine Option, aber in unserem Fall war es möglich, dass ich einfach weniger arbeitete. Abends war ich plötzlich nicht mehr todmüde und genervt, sondern freute mich auf Christoph und unsere gemeinsamen Abende. Manchmal braucht's einfach einen Außenstehenden, der die Sache mal objektiv betrachten kann. Christoph hatte mir diese Lösung zwar schon von Anfang an vorgeschlagen, aber mir machte die Arbeit ja auch Spaß und ich wollte auf keinen Fall zu wenig zu tun haben. Denn das Schlimmste für mich ist Langeweile!

Mittlerweile sind wir drei Jahre verheiratet und ich liebe meinen Mann mehr als je zuvor. Meine und auch Christophs Eltern waren uns gute Vorbilder, was eine gesunde Ehe angeht. Ich zum Beispiel lernte von meinen Eltern, wie wichtig es ist, sich seinem Mann unterzuordnen. Das klingt jetzt vielleicht total krass. Vielleicht stellt ihr euch vor, dass ich als Frau plötzlich nichts mehr zu sagen hatte. Aber das ist nicht, was ich meine. Christoph und ich treffen Entscheidungen gemeinsam und ich weiß, dass es Christoph wichtig ist, was ich denke. Aber wenn es hart auf hart kommt, dann fällt er die letztendliche Entscheidung. Das nimmt mir übrigens hin und wieder viel Druck weg, zu wissen, dass er jetzt die Verantwortung hat, wenn's mal schiefläuft. Aber auch hier ist es für mich nicht immer einfach zu lernen, dass ich eben nicht mehr Single bin und nicht mehr einfach tun kann, was ich will, ohne es vorher gemeinsam abzuklären. Es hat bei mir ganz schön lange gedauert, bis ich es eingesehen habe, dass ich jetzt eben nicht mehr alleine wohne und so viele Mädels einladen kann wie und wann ich will! Heutzutage kommt das Thema meiner Meinung nach viel zu kurz. Die »ideale« Frau soll unabhängig sein und sich auf keinen Fall ihrem Mann unterordnen! Das kommt viel in Texten von Popstars vor und das wird uns oft in Filmen und anderen Medien vermittelt. Da wundert es mich übrigens nicht, wenn Ehen daran kaputtgehen. Ehrlich gesagt denke ich, dass man das als Frau schon in jungen Jahren üben kann, indem man sich seinen Eltern unterordnet und auch seinen Pastoren und Jugendleitern Respekt zeigt. Ich habe das leider auch erst viel später gelernt, aber ich denke, das ist eine sehr gute Übung für eine Ehe.

Ich finde es übrigens total wichtig, sich mit anderen Ehepaaren auszutauschen. Ich habe mindestens eine gute Freundin, mit der ich oft über unsere Beziehung reden kann. Es tut so gut zu wissen, dass es bei anderen Paaren oft dieselben Diskussionen und Herausforderungen gibt.

Was allerdings bleibt sind die Erinnerungen der vergangenen Beziehungen. Ich denke fast nie an die Beziehungen von früher, aber wenn ich das tue, bereue ich es so sehr, je einen anderen Mann überhaupt geküsst oder »geliebt« zu haben als meinen Ehemann. In unserer Gesellschaft sagen ja einige, dass man seine Erfahrungen mit verschiedenen Partnern sammeln soll, damit man weiß, was gut oder nicht gut ist. Das ist ein totaler Quatsch! Alle Erfahrungen, die ich mit Jungs gemacht habe, seien es gute oder schlechte, kann ich leider nicht einfach begraben. Vor allem, wenn es in die sexuelle Richtung geht. Daher wünschte ich, ich hätte mir das alles erspart, um »rein« in eine Ehe gehen zu können und eben ohne Erinnerungen an alte Beziehungen. Gott kann natürlich Wunden und Sünde heilen, aber rückgängig kann man sie nicht machen und ganz vergessen leider auch nicht.

Ich weiß nicht, ob es daran liegt, dass ich meinen Papa recht früh verloren habe oder nicht, aber ich habe, ohne es zu merken, eine Abmachung mit mir selbst gehabt, dass ich nie die Art von Ehefrau sein wollte, die sich komplett auf ihren Mann einlässt. Ich wollte immer einen Teil für mich behalten, der nur mir gehört, damit ich, falls er sterben würde, besser mit der Situation klarkommen würde und immer noch ein unabhängiges Leben führen könnte. Total absurd. Aber ich konnte und wollte mich einfach nicht an meinen Mann klammern und ihn zu meinem besten Freund machen, damit ich keinen so großen Verlust erleiden würde, falls ihm irgendetwas zustieße. Ich hatte ja immer noch meine besten Freundinnen, mit denen ich über alles reden konnte. Aber ich glaube, Gott wollte, dass ich irgendwann an den Punkt komme, wo ich ohne diese Hintergedanken in einer Ehe leben sollte. Ich merke auch, wie ich die Zweisamkeit so gar nicht genießen kann, wenn ich im Hinterkopf habe, dass das vielleicht das letzte Mal sein könnte.

Nachdem wir ungefähr ein Jahr verheiratet waren, wurde ich schwanger. Wir haben uns riesig gefreut und am meisten Joelle!

Sie hat sich schon so lange ein Geschwisterchen gewünscht und für sie war das eine Gebetserhörung. Ich war gespannt zu sehen, wie die Schwangerschaft verlaufen würde, da es sich für mich wieder wie das erste Mal anfühlte. Joelle war ja nun schon sechs und meine letzte Schwangerschaft somit lange her. Leider war diesmal alles von Anfang an anstrengender, aber alles in allem ging's mir ganz gut. Einen Monat vor der Geburt unserer Tochter zogen wir um, allerdings hatte ich »Liegepflicht«, da die Gefahr einer Frühgeburt bestand. Chaos, sag ich da nur! Für mich war das ein totaler Albtraum: Ich konnte kaum etwas sortieren, packen oder in dem neuen Haus vorbereiten. Ohne unsere zahlreichen, hilfsbereiten Freunde hätten wir den Umzug und alles, was damit in Verbindung stand, nie geschafft. Das Wichtigste war allerdings, dass das Baby so lange wie möglich im Bauch bleiben musste, also versuchte ich, mich krampfhaft an die Regeln zu halten. Ich musste sogar deswegen ein Konzert absagen, was mir auch sehr schwer fiel.

Ich freute mich so sehr, noch ein Mädchen zu bekommen, zumal ich auch noch Joelles ganze Klamotten hatte. Die Geburt verlief auch recht schnell und unkompliziert. Lia kam sogar einen Tag nach dem Termin. Was für ein Wunder! Ich hielt also zum zweiten Mal ein kleines süßes Mädchen in meinen Armen und war total gespannt zu sehen, wie sie sich entwickeln und in unserer kleinen Familie integrieren würde. Und ich weiß es sehr zu schätzen, dass wir überhaupt noch ein Kind haben dürfen, da das überhaupt nicht selbstverständlich ist.

Nach Lias Geburt veränderte sich bei mir etwas: Auf einmal wollte ich so nah wie möglich bei Christoph einschlafen, vermisste ihn viel öfter als früher und war auch bereit, Gefühle mit ihm zu teilen und mich nicht immer im Bad zu verkriechen, wenn ich mich mal ausheulen wollte ... Irgendwie total komisch, aber ohne dass *ich* etwas bewusst veränderte, hatte Gott mich verändert. Es fühlte sich so an, als ob Gott uns jetzt zum zweiten Mal »eins« gemacht hätte, auf eine ganz neue Weise.

Einerseits hat mir das Angst gemacht, da ich jetzt genau zu der Frau geworden war, die ich eigentlich nie sein wollte, andererseits bin ich dadurch Christoph viel näher gekommen, was unsere Ehe sehr bereichert hat.

Ich lerne immer mehr darüber, was eine gute und glückliche Ehe ausmacht, weiß aber auch, wo unsere Schwächen liegen und woran wir noch arbeiten müssen. Aber ich hoffe, dass wir auf dieser Reise nie müde werden und nie aufhören, uns vom anderen verbessern zu lassen. Normalerweise tendiert man ja immer dazu, den anderen ändern zu wollen, aber ich habe recht schnell festgestellt, dass das nicht geht und auch nicht der Sinn der Sache ist.

Gott benutzt eine Ehe, um uns gegenseitig zu formen, um ihm immer ähnlicher zu werden – davon bin ich überzeugt. Das heißt also, dass beide Partner in einer Beziehung Veränderung dringend nötig haben! Aber bitte nicht falsch verstehen: Auch ohne einen Partner können wir Gott immer ähnlicher werden und uns gegenseitig nach Gottes Vorstellungen »schleifen«, schon alleine durch unsere Familie, die Gemeinde oder Freunde.

Wenn ich mein Leben im Moment so betrachte, finde ich das alles irgendwie total krass: dass ich verheiratet bin, zwei Kinder habe und irgendwie zur »Hausfrau« geworden bin. Gleichzeitig fühle ich mich aber acht Jahre jünger als ich bin und bin selber immer wieder erstaunt, wie ich mich in diesem »Erwachsenenleben« zurechtfinde.

Dieses Jahr werde ich 27, eine halbe 54 also! Dadurch, dass ich aber immer noch die Musik habe und diesen Teil, der mich irgendwie frei sein lässt, bekomme ich den Ausgleich zu meinem Alltag als Mama und Ehefrau. Ich darf immer noch auf der Bühne rumhüpfen und mich dabei wie 18 fühlen. Keine Sorge, ich fühle mich auch als Mama und Ehefrau frei, aber es ist einfach ein ganz anderes Gefühl. Kein Mensch kann mir dieses Gefühl geben, das Musik mir gibt.

Meine beste Freundin, die während unserer Schulzeit zum Glauben gekommen ist (erinnert ihr euch?), ist auch eine junge Mama, wir können uns also regelmäßig über alles Mögliche austauschen. Wir stellen immer wieder fest, wie schnell die Zeit seit der Schule vergangen ist und wie wir uns in manchen Punkten doch nicht verändert haben und wahrscheinlich immer irgendwo Teenies bleiben werden. Ich glaube, das sieht man auch an der Mode, die mir gefällt. Mir gefallen sehr viele verschiedene Stilrichtungen an Klamotten, aber wenn ich andere Mütter um mich herum betrachte, merke ich doch, dass ich keinen ganz klassischen Stil habe. Ich glaube, ich werde mich einfach immer »zwischendrin« in dieser Erwachsenenwelt fühlen. Das Witzige ist, dass meine Mama ähnlich tickt. Sie kennt sich mit der Musik aus, die im Radio läuft, kleidet sich moderner als andere in ihrem Alter und ist auch immer lieber mit Jüngeren im Gespräch, ha – daher hab ich das also! Oder es ist mal wieder etwas Amerikanisches ...

Die Beziehung zu meiner Mama und meinen Schwestern ist übrigens mit der Zeit auch immer besser geworden. Falls ihr also das Gefühl habt, eine schreckliche Familie zu haben, die euch einfach nicht versteht, oder dass ihr die nervigsten Eltern der Welt habt: mit dem Alter wird es besser! Zumindest war das bei mir so. Ich weiß noch, wie ich von 14 bis 17 oft den Gedanken hatte, dass alle anderen Mütter viel cooler und besser seien als meine. Jetzt bin ich aber so dankbar, wie meine Mama und Schwestern damals mit mir umgegangen sind. Bis ich ungefähr 18 war, hatte ich zum Beispiel außer der Musik nicht sehr viel mit meinen Schwestern gemeinsam, da sie ja alle so viel älter sind als ich. Irgendwann waren wir aber alle von den Themen her, die uns bewegten, auf dem gleichen Level und unsere Beziehungen vertieften sich.

Vieles, was ich damals an der Erziehung meiner Mama schrecklich fand, finde ich mittlerweile gut, vor allem weil ich jetzt selber Mama bin, aber auch einfach, weil ich erwachsen geworden bin. Man glaubt gar nicht, wie viel besser man seine Mutter versteht, wenn man selber eine ist. Natürlich wird es immer Dinge geben, die man selber anders machen will, aber man bekommt einfach viel mehr Verständnis. So erlebe ich das zumindest. Damit will ich euch eigentlich Hoffnung machen, falls ihr gerade in einer Situation steckt, in der es mit den Eltern nur noch kracht. Das wird später oft einfacher.

Ich finde es auch wahnsinnig interessant zu sehen, wie ich Gott in einer Sache viel besser verstehe: Wenn meine Tochter zum Beispiel etwas will, ich aber weiß, dass das nicht gut für sie ist und es ihr nicht gebe, versteht sie mich nicht und ist beleidigt. Oh Mann, wie oft war ich enttäuscht darüber, wenn ich nicht bekommen habe, was ich mir von Gott wünschte. Ich verstand auch nicht, warum er bestimmte Dinge in seinem Wort als Sünde bezeichnet. Aber klar: Er ist doch mein Papa und ich sein Kind! Das heißt, er will tatsächlich nur das Beste für mich und weiß ganz genau, welche Konsequenzen folgen können, wenn ich das tue, was ich will. Manchmal hat es auch nur mit dem Zeitpunkt zu tun, dass wir noch nicht bereit sind, bestimmte Dinge zu bekommen, die wir uns vielleicht wünschen. Daran muss ich mich regelmäßig erinnern und mir eigentlich nur bewusst machen, dass das mit meinen Kindern ja genauso ist. Nur, dass ich manchmal als Mama Fehler mache, Gott aber nie!

Wie bereits erwähnt habe ich ein Buch mit lauter Listen, in die ich regelmäßig Dinge aufschreibe, für die ich dankbar bin. Wenn ich mir so meine ganzen Dankeslisten ansehe, erkenne ich, wie viel Gott für mich in den verschiedensten Bereichen getan hat! Einige Gebetsanliegen, die ich hatte, wurden zwar nicht sofort erhört, aber irgendwann kamen doch Antworten. Wir denken ja so oft, dass Gott nicht antwortet, weil wir nicht das bekommen, worum wir ihn gebeten haben. Aber ich habe die Erfahrung gemacht, dass er *immer* antwortet – nur manchmal sind die Antworten anders, als wir sie uns ausgemalt hatten. Und was ich erlebt habe, hat mir gezeigt, dass Gottes Antworten oder Gebetserhörungen besser für mich waren als das, was ich mir gewünscht habe. Manchmal sieht man das erst eine Zeit später, wenn man zurückblickt.

Als Kind hatte ich ja diesen Traum, ein Star zu werden. Ich sah mir Stars wie Mariah Carey oder Jennifer Lopez an und wollte dieses Leben auch haben. Natürlich war mein Hauptziel, als Star die Chance zu nutzen, das Evangelium zu verkünden und Musik zu machen, die Menschen zu Jesus führt. Warum hatte also Gott das bisher nicht zugelassen, wenn ich doch so einen »frommen« Wunsch hatte? Die Antwort ist heute für mich klar: Alle Stars, die ich mir so anschaue, haben vielleicht Spaß, Geld und können sich alles Mögliche leisten. Aber was ist mit ihren Ehen? Was ist mit ihren Vorsätzen, dass sie Vorbilder für ihre Fans sein wollen? Also ich sehe ehrlich gesagt bei den Wenigsten Dinge, die ich langfristig gerne hätte. Wenn man Interviews aus der Zeit ansieht, in der Stars gerade mit ihrer Karriere angefangen haben, reden manche von ihrem Glauben an Gott. Nachdem sie aber in diesen »Ruhm-Sumpf« gezogen worden sind, bleibt fast nichts mehr von dem übrig, was sie anfangs gepredigt haben – oder es wird komplett mit weltlichen Ansichten vermischt. Ich bin glücklich verheiratet und genieße es, nicht ständig von irgendwelchen Paparazzi verfolgt zu werden. Meine Freiheit und vor allem meine Beziehung zu Jesus würde ich für so eine Karriere nicht eintauschen wollen. Ich glaube, viele dieser Stars merken gar nicht, wie sie sich verändern und was für Vorbilder sie tatsächlich objektiv betrachtet sind. Ich bin Gott sehr dankbar, dass er das in meinem Leben nicht zugelassen hat. Meine Beziehung zu Jesus soll immer an erster Stelle stehen und ich möchte so demütig wie möglich bleiben. Und das ist im normalen Alltag schon schwer genug – ganz ohne Starrummel ...

Mir ist es sehr wichtig, am Boden der Tatsachen zu bleiben, geistlich zu reifen und Zeit für Freundschaften zu haben. Mein Mann und ich haben zum Beispiel einen ganz tollen Hauskreis. Unser gemeinsames Ziel und unser Wunsch ist, uns im Hauskreis gegenseitig

Einblick in unser Leben zu geben und uns, wo es notwendig ist, gegenseitig zu korrigieren. Eben erst habe ich einen Vers gelesen, der das voll auf den Punkt bringt:

> Wenn ein Gottesfürchtiger mich züchtigt, wird es mir nur guttun! Sein Tadel ist wie lindernder Balsam, den ich freudig annehme.
>
> (Psalm 141,5)

Dass es überhaupt so weit gekommen ist, dass ich ein Buch schreiben und dazu noch eine CD aufnehmen darf, ist für mich schon ein Riesengeschenk, das ich nicht erwartet hätte. Ich habe ja schon immer von einer eigenen CD geträumt, aber dadurch, dass es so oft eben nicht klappte oder wir damals mit den Van Dooren Sisters bei einer großen Plattenfirma »gedroppt« wurde, war ich sehr skeptisch, ob es denn wirklich je dazu kommt.

Das alles ist eine riesige Herausforderung für mich, aber da ich und viele andere schon so lange dafür gebetet haben und ich Gott auch immer gesagt habe, dass sein Wille geschehen soll, weiß ich, dass Gott mir bei allem helfen wird. Und es ist auch schön zu wissen, dass mein Mann und meine Familie hinter mir stehen.

Als wir zum Beispiel die Fotos für das Album und die CD geschossen haben, lag draußen noch Schnee und es war furchtbar kalt. Meine Schwester Miriam ist extra deswegen zu mir nach München geflogen, um mich zu fotografieren, und wir haben einfach nur gehofft, dass es an den paar Tagen nicht schneien würde, da viele Fotos eben für draußen geplant waren. Meine Familie hat kräftig mitgeholfen auf die Kinder aufzupassen und zwei nette Mädels aus der Gemeinde haben uns auch beim Shooting in der Kälte unterstützt. Und: es hat *nicht* geschneit!

Das ist nur ein Beispiel, wo ich erkennen kann, dass Gott mir seinen Zuspruch gibt. Es hilft mir, das Ziel im Auge zu behalten, auch wenn das oft mit zwei Kindern und dem Haushalt schwer ist.

Und wo ich schon von Zielen spreche: Mein Ziel und Wunsch wird es immer sein, Menschen, die Jesus noch nie kennengelernt haben, von seiner Liebe zu erzählen. Ich habe so viel mit ihm erlebt und durfte am eigenen Leib erfahren, was es heißt, sein Kind sein zu dürfen. Das große Ziel ist für mich die Ewigkeit, wenn ich Jesus endlich mit meinen Augen sehen und mit ihm und Millionen von anderen Geschwistern feiern werde, dass dieses Leben mit all der Sünde, Trauer und Leid vorbei ist. Das Traurige ist aber, dass es bestimmt viele geben wird, die ich dort nicht sehen werde, vielleicht sogar Freunde. Mein und unser Auftrag ist es, so vielen Menschen wie möglich von der guten Nachricht zu erzählen.

Darum geht zu allen Völkern und macht sie zu Jüngern. Tauft sie im Namen des Vaters und des Sohnes und des Heiligen Geistes und lehrt sie, alle Gebote zu halten, die ich euch gegeben habe. (matthäus 28,19-20)

Das hat mir mein Papa von klein auf ans Herz gelegt und mir vor-
gelebt, wie das auch in der Praxis möglich ist.

Ich hoffe, dass ich diese wichtigste Aufgabe meines Lebens nie
vergesse, auch nicht, wenn ich die Chance bekomme, viele Menschen durch meine Musik, zu erreichen. Auch hier muss ich immer
wieder aufs Neue lernen *not afraid* zu sein.

WAKE ME UP

maybe my friends, family
Whom I've never told about your grace
Am I just selfish?
Or what am I afraid to lose, I'm saved!
Will they be standing next to me?
When I'm in heaven, will they be?

Wake me up before it is too late
Wake me up before I see his face
Wake me up before it is too late
Wake me up, I need to take a few more
to his place!

RÜTTEL MICH WACH

Vielleicht sind es Freunde oder Familie
denen ich noch nie von deiner Gnade erzählt habe
Bin ich einfach egoistisch?
Ich habe doch nichts zu verlieren, denn ich bin
gerettet!
Werden sie neben mir stehen?
Wenn ich im Himmel bin, werden sie es auch sein?

Rüttel mich wach, bevor es zu spät ist
Rüttel mich wach, bevor ich sein Angesicht sehe
Rüttel mich wach, bevor es zu spät ist
Rüttel mich wach, ich will noch ein paar mehr mit in
sein Reich nehmen!

NACHWORT

In meinem bisherigen Leben habe ich einiges erlebt, tolle Höhepunkte, aber auch richtige Tiefschläge. Im Rückblick sehe ich, wie Gott alles gelenkt hat, aber in schwierigen Situationen konnte ich das nicht sofort erkennen. Ich glaube, dass es vielen Menschen so geht.

Deshalb hoffe ich, dass meine Storys euch ermutigt haben, trotz allen Schwierigkeiten, die ihr vielleicht erlebt, weiter mit Gott zu gehen. Gebt nicht auf, ihm nachzufolgen, egal wie schwierig es manchmal auch sein kann.

Gott hat mich zwar immer wieder aus meinen »dummen Situationen« gerettet, aber ich wünschte mir trotz allem, dass ich mir einige Lektionen hätte sparen können und von vornherein etwas klüger gehandelt hätte.

Für mich ist das Leben eine Aufgabe, die Gott mir gegeben hat. Leider habe ich aber viel zu oft das Ziel verfehlt und bin bei dieser Aufgabe »durchgefallen«. Das kennt ihr bestimmt. Das Tolle ist aber, dass Gott mir immer wieder eine neue Chance gegeben und mir bisher immer wieder auf die Beine geholfen hat. Er ist mein guter Hirte und ich das Schaf, das sich bestimmt schon tausend Mal verirrt hat und das er trotzdem immer wieder zurück zur Herde bringt. Für euch will er genau dasselbe tun! Wenn ihr also glaubt, dass ihr schon viel zu viel Mist gebaut habt in eurem Leben, dann denkt daran: Jesus vergibt euch das, wenn ihr ihn darum bittet. Und noch besser: Er hat schon einen tollen Plan, wie es mit euch weitergehen soll.

Ich befinde mich immer noch auf einer spannenden Reise mit meinem besten Freund Jesus und lerne täglich mehr über mich und ihn. Er hat ein Ziel, wozu er mich und dich mit unseren Stärken und Schwächen gebrauchen will, und unsere einzige Aufgabe ist es, ihm »einfach« nur nachzufolgen.

Lasst uns zusammen *not afraid* sein und unsere Gaben für sein Reich einsetzen – ohne Angst vor Versagen. Er ist mit uns auf Schritt und Tritt und wird uns nicht im Stich lassen.

Los geht's, Mädels!

Wenn Du mehr über mich erfahren willst, besuch mich auf meiner Homepage (**www.debbyvandooren.com**) oder auf meiner Facebook-Seite (**www.facebook.com/debbyvandoorenmusic**). Auf youtube (**www.youtube.com/debbyvandooren**) kannst du mir beim Singen zuschauen. Ich freue mich auf dich!

ZWISCHEN MIR UND GOTT

1. Was hat Gott mir schon von klein auf an Talenten geschenkt?

----

2. Welche Träume möchte ich mit Gott teilen und welche an ihn abgeben?

----

3. Welche Erfahrungen haben mein Leben menschlich und geistlich geprägt?

----

4. Gibt es Dinge, denen ich »nachjage«, die meine Zeit eigentlich verschwenden?

---

5. Wie kann ich meine Gaben, die Gott mir gegeben hat, für ihn einsetzen?

----

6. Gibt es momentan Dinge in meinem Leben,
die Gott nicht gefallen?

----

7. Was sind meine Ängste, die ich ganz bewusst
an Jesus abgeben will?

----

8. Was hat Gott schon alles für mich getan?

JESUS ♥ DICH!

Debby van Dooren

Not afraid

Musik
CD, 46 Minuten
Bestell-Nr. 097.283

Die Jüngste der »Van Dooren Sisters« startet solo durch: Nachdem sie bereits auf »FJ! Energy 2« zu hören war, folgt nun Debby van Doorens Debüt-Album. In gutgelaunten Pop- und R'n'B-Songs erzählt sie davon, dass man mit Jesus an seiner Seite jede Krise durchstehen kann.

Jenna Lucado Bishop

Shake it!
Leben mit Jesus – mit Geschmack und in Farbe

Gebunden, 13,5 x 20,5 cm, 256 S.
Nr. 395.385, ISBN 978-3-7751-5385-0

Die Sache mit Gott klingt ganz nett, aber vom Hocker reißt sie dich nicht? Jenna Lucado zeigt praktisch, wie Mädels ihren Glauben so richtig wachrütteln und Gott ganz neu für sich entdecken können. Das macht Lust auf mehr: ein buntes, abenteuerreiches Leben mit Gott!

Bitte fragen Sie in Ihrer Buchhandlung nach diesen Büchern!
Oder schreiben Sie an: SCM Hänssler, D-71087 Holzgerlingen;
E-Mail: info@scm-haenssler.de; Internet: www.scm-haenssler.de

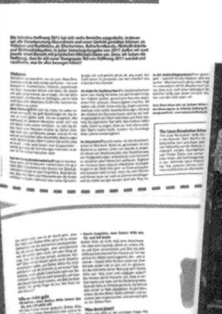